PARA CONHECER O PAPA FRANCISCO

Francesco Strazzari

PARA CONHECER O PAPA
FRANCISCO

Dados Internacionais de Catalogação na Publicação (CIP)
(Câmara Brasileira do Livro, SP, Brasil)

Strazzari, Francesco
    Para conhecer o Papa Francisco / Francesco Strazzari ;
[tradução Cacilda Rainho Ferrante]. – São Paulo : Paulinas, 2014.
    – (Coleção Francisco)

    Título original: In Argentina per conoscere Papa Bergoglio
    Bibliografia.
    ISBN 978-85-356-3779-3

    1. Francisco, Papa, 1936- 2. Igreja Católica - História 3. Papas
- Biografia I. Título. II. Série.

14-05003   CDD-262.13092

Índice para catálogo sistemático:

1. Francisco, Papa : Biografia e obra   262.13092

1ª edição – 2014
1ª reimpressão – 2018
Título original da obra: *In Argentina per conoscere Papa Bergoglio*
© 2013 Centro Editoriale Dehoniano. Edição no Brasil publicada por acordo com
agência literária Eulama Internacional.

Direção-geral: *Bernadete Boff*
Editores responsáveis: *Vera Ivanise Bombonatto*
e Afonso M. L. Soares
Tradução: *Cacilda Rainho Ferrante*
Copidesque: *Ana Cecilia Mari*
Coordenação de revisão: *Marina Mendonça*
Revisão: *Patrícia Hehs*
Gerente de produção: *Felício Calegaro Neto*
Projeto gráfico: *Manuel Rebelato Miramontes*
Imagem da capa: *Servizio Fotografico*
de L'Osservatore Romano

Nenhuma parte desta obra poderá ser reproduzida ou transmitida
por qualquer forma e/ou quaisquer meios (eletrônico ou mecânico,
incluindo fotocópia e gravação) ou arquivada em qualquer sistema de
banco de dados sem permissão escrita da Editora. Direitos reservados.

Paulinas
Rua Dona Inácia Uchoa, 62
04110-020 — São Paulo — SP (Brasil)
Tel.: (11) 2125-3500
http://www.paulinas.org.br
editora@paulinas.com.br
Telemarketing e SAC: 0800-7010081
© Pia Sociedade Filhas de São Paulo — São Paulo, 2014

SUMÁRIO

PREFÁCIO – Francisco: um papa latino-americano...............7
José Oscar Beozzo

CAPÍTULO I – Entre dois continentes....................37

CAPÍTULO II – Igreja e peronismo 43

CAPÍTULO III – O golpe e a ditadura....................53

CAPÍTULO IV – O caso Yorio–Jalics 63

CAPÍTULO V – O núncio Laghi....................67

CAPÍTULO VI – A carta dos bispos 73

CAPÍTULO VII – Uma pátria para ser reconstruída 79

CAPÍTULO VIII – A época dos Kirchners.......................... 87

CAPÍTULO IX – Aparecida e a missão continental...............95

CAPÍTULO X – A pastoral social de Bergoglio 105

CAPÍTULO XI – "Deus vive na cidade" 109

CAPÍTULO XII – Teologia da Libertação....................... 115

CAPÍTULO XIII – Do sul do hemisfério sul.......................121

POSFÁCIO – Um retrato ao vivo........................... 127
Victor Manuel Fernández

PREFÁCIO

FRANCISCO, UM PAPA LATINO-AMERICANO

*José Oscar Beozzo**

Jorge Bergoglio é o primeiro papa na história da Igreja nascido nas Américas.

O que isso pode preconizar para seu pontificado? É difícil prenunciá-lo, mas se podem individuar práticas, experiências, dores e esperanças inscritas no DNA da Igreja na América Latina e que fazem parte da bagagem existencial e eclesial do Papa Francisco.

O continente, com presença humana há 40 mil anos e povoado por mais de 2.200 diferentes povos indígenas, com suas línguas, culturas e religiões, recebeu inicialmente, num processo de choque e violência militar, política, cultural e religiosa, um catolicismo ibérico forjado na luta contra os mouros. Trazia a marca tanto da recém-unificada Espanha, com a chegada ao Caribe, em 1492, de Cristóvão Colombo, quanto o selo português, com a passagem, em 1500, pelo Brasil, de Pedro Álvares Cabral, a caminho das Índias. Mais tarde, católicos e huguenotes franceses, anglicanos ingleses, reformados holandeses, luteranos dinamarqueses imprimiram diferentes vertentes ao cristianismo no Caribe, na costa atlântica da América Central e do Sul e na América do Norte. A vinda de imigrantes de

* Teólogo e historiador da América Latina.

nações protestantes ou ortodoxas, mais o trabalho missionário das Igrejas protestantes, a partir do século XIX, e a onda pentecostal do século XX diversificaram os rostos do cristianismo latino-americano ou levaram-no a conviver com outras religiões trazidas por imigrantes da Índia, China, Japão ou Indonésia. Assiste-se hoje ao ressurgimento das antigas religiões indígenas e afro-americanas no seio de populações formalmente batizadas na Igreja Católica.

Que traços dessa sua origem latino-americana o novo papa estará levando para Roma, no seu ofício de bispo daquela diocese e na sua tarefa de presidir na caridade a comunhão das Igrejas?

Bergoglio, um filho de imigrantes

Como filho de imigrantes italianos na Argentina, Bergoglio é parte de determinada porção da América Latina a que historiadores chamam de Euro-América, em contraposição a Indo-América e a Afro-América.

Segundo o antropólogo brasileiro Darcy Ribeiro, essa Euro-América é formada predominantemente por "povos transplantados" da Europa para a América, na onda da grande imigração entre 1840 e 1914.[1] Ao Norte, as correntes imigratórias se dirigiram para os Estados Unidos e o Canadá. Ao Sul, a Argentina foi o destino privilegiado, junto com o seu vizinho Uruguai e algumas regiões do Chile e do sul do Brasil, dessa avalanche humana de irlandeses, italianos, espanhóis, alemães, portugueses, russos, ucranianos, poloneses e de quantos buscaram na imigração remédio à sua pobreza e resposta aos seus sonhos de vida melhor e mais digna.

A Argentina recebeu, nesse curto período de tempo, mais de seis milhões de imigrantes europeus, mas também muitos árabes e

---

[1] RIBEIRO, Darcy. *As Américas e a civilização*; processo de formação e causas do desenvolvimento cultural desigual dos povos americanos. São Paulo: Companhia das Letras, 2007 (1970, 1. ed.).

turcos provindos do antigo império otomano ou ainda judeus da Europa ocidental e oriental.

Bergoglio traz de volta para a Europa a sua herança italiana estampada no nome, no sangue e na sua identidade cultural. Esta foi certamente transfigurada pelo seu nascimento neste continente americano. O idioma de seus pais italianos foi enriquecido pelo castelhano, a *koiné* de tantos povos, raças e línguas da Argentina dos imigrantes. Nos dias de hoje, o castelhano tornou-se a língua mais falada no seio da comunidade católica mundial, pois é o idioma nacional de 19 países da América Latina e do Caribe e de cerca de metade dos católicos nos Estados Unidos. Na Europa, é falada na Espanha; na África, no arquipélago das Canárias, em Ceuta e Melilla, na costa norte-africana, e no antigo Saara espanhol, hoje parte de Marrocos. Na Ásia, deixou sua marca nas Filipinas, em especial com o catolicismo ali implantado, que faz daquele arquipélago o único país de maioria cristã em todo o continente asiático.

Bergoglio não carrega consigo, a não ser de forma tênue, a forte identidade indo-americana predominante em países como México e Guatemala, Bolívia, Equador e Peru, cujas populações conservam idiomas e costumes indígenas que deixaram marca indelével na sua composição racial, nos seus traços fisionômicos, na sua arte, artesanato, culinária e religiosidade. A Argentina dos imigrantes europeus sempre teve dificuldades de reconhecer suas raízes indígenas, ainda fortes e visíveis nas províncias do norte, bem como de incorporar a herança dos ainda numerosos antepassados indígenas e fugir ao dilema e à contraposição de Alberdi e Sarmiento entre civilização (Europa) e barbárie (indígenas da América).[2]

---

[2] Juan Bautista Alberdi (1810-1884), político liberal, diplomata e escritor argentino, foi um dos principais ideólogos de uma Argentina que, para ser "moderna", devia tornar-se branca e europeia. Domingo Faustino Sarmiento Albarracin (1811-1888), educador, político, escritor, diplomata, foi presidente da Argentina (1868-1874), quando incentivou a imigração europeia. É autor do clássico, *Facundo, o civilización y barbárie en las pampas argentinas.*

Tampouco é Bergoglio representativo, como argentino, dessa Afro-América, construída com o braço e o sangue das escravas e escravos africanos. A África teceu o corpo e a alma do Caribe e de muitas regiões do Brasil, que conta hoje com quase cem milhões de afrodescendentes.[3] A África é também presença incontornável na costa atlântica da Venezuela, Colômbia e dos países centro-americanos e na costa do Pacífico no Peru, no Chocó colombiano, em Esmeraldas, no Equador.

Enquanto as lavouras de cana-de-açúcar do Caribe receberam metade dos cerca de 12 milhões de escravos africanos trazidos para a América, e o Brasil importou quase 40% deste total para as lavouras de cana, de algodão, fumo e café, para as minas de ouro e diamantes, lides domésticas, transporte, construção e serviços urbanos, a Argentina, junto com Chile, Bolívia e Uruguai, acolheu menos de 1% desses escravos, por conta de suas terras temperadas, inadequadas para os plantios tropicais.

Mas o bispo Bergoglio, em suas andanças pastorais pelas "villas miseria" da periferia de Buenos Aires, topou o tempo todo com esse povo pobre vindo dessa América profunda dos migrantes indígenas Toba do norte argentino ou Mapuche do sul; dos imigrantes mais recentes, Quéchua e Aymara, do altiplano andino boliviano e peruano, ou Guarani, do Paraguai. Acercou-se também dos "cabecitas negras" descendentes dos antigos escravos das zonas açucareiras dos vales quentes do norte argentino ou dos trabalhadores do

---

[3]   Ao final da Conferência de Aparecida, no dia 28 de maio de 2007, escrevia no seu diário Victor Manuel Fernández, argentino, um dos presbíteros convidados, e que trabalhou lado a lado com Bergoglio na comissão de redação do Documento de Aparecida: "Talvez os brasileiros, depois da conferência, aprofundem o tema dos afrodescendentes, que *para nós significa pouco* (grifo é nosso), e os mexicanos se concentrem mais nos imigrantes. Este tema *para nós também significa pouco* (grifo nosso), se esquecermos do grande número de bolivianos e paraguaios que existem em nosso país, ainda que nós não os enxerguemos, e se nos lembrarmos de que muitos jovens vão viver na Europa" (tradução da editora). MANUEL FERNÁNDEZ, Victor, *Aparecida*; guia para ler o documento e crônica diária. Buenos Aires: San Pablo, 2007, p. 149.

porto de Buenos Aires, durante a colônia, entre os quais florescem hoje os cultos afro-americanos. Ainda que os homens negros tenham sido dizimados nas guerras da independência, nas guerras de Rosas ou da Tríplice Aliança, no século XIX, as mulheres permaneceram e continuaram transmitindo o sangue e a cultura afro a seus descendentes. Indígenas e africanos são acompanhados pela vasta gama de todas as mestiçagens que povoam o mundo popular argentino e sua religiosidade, em contraste com a tez branca e o catolicismo romanizado de suas elites e de suas classes médias de origem europeia.

O que, como membro da Igreja latino-americana, leva Bergoglio para Roma, com sua experiência pastoral e sua espiritualidade própria?

Aparecida, um marco na vida de Bergoglio

No dia 18 de março de 2013, o Papa Francisco, ao término da primeira audiência a um chefe de Estado – a presidente de seu país, Cristina Fernandes de Kirchner –, depois de abraçá-la e beijá-la, entregou-lhe, como lembrança singela, o Documento de Aparecida. Repetiu o gesto com a presidente do Brasil, Dilma Rousseff, ofertando-lhe as mesmas conclusões da V Conferência Geral do Episcopado Latino-americano, realizada no Santuário de Aparecida, no Brasil, de 13 a 31 de maio de 2007.

Francisco fez questão de incluir o Santuário de Aparecida (SP) no roteiro de sua viagem ao Brasil para a Jornada Mundial da Juventude, ocorrida no Rio de Janeiro, em julho de 2013.

Que laço une o novo papa à Aparecida e à V Conferência?

Promovido a cardeal em 2001, viveu Bergoglio intensa experiência eclesial com o evento da morte e os funerais de João Paulo II, seguidos pela Sé vacante e o conclave para a escolha de um novo Bispo de Roma, na primavera de 2005. As congregações gerais que precederam o conclave deram-lhe um quadro vívido e certamente dramático, sob alguns aspectos, da situação da Igreja nos cinco continentes. Diz-se que seu nome foi o segundo mais sufragado nos escrutínios finais que elegeram o então Cardeal Joseph Ratzinger como novo Bispo de Roma, com o nome de Bento XVI, em 19 de abril daquele ano.

Parece, entretanto, que a experiência eclesial mais marcante foi por ele vivida dois anos depois no seio de sua Igreja latino-americana, durante as três semanas da V Conferência Geral do Episcopado Latino-americano, celebrada em Aparecida. Esta experiência levou-o a abraçar e apresentar Aparecida como algo muito seu, além de ser referência e possível norte para o seu pontificado. Sinal da importância que Francisco atribui a esta conferência foi a entrega, como assinalamos anteriormente, do seu documento às presidentes da Argentina e do Brasil, na semana mesma de sua eleição.

De fato, Bergoglio, como presidente da Conferência Episcopal argentina, esteve muito envolvido na preparação da conferência, devido ao método adotado pelo Celam. Este associou os 22 presidentes das conferências episcopais da América Latina e do Caribe à direção do Celam na tomada de decisões relativa aos encaminhamentos mais importantes para Aparecida.

No segundo dia da Conferência de Aparecida, 15 de maio de 2007, falaram todos os presidentes dessas 22 conferências episcopais.

Bergoglio, tomando a palavra pela Argentina, disse que se adotou em seu país o lema de se "navegar mar adentro".

> Sugeriu que a proposta final tenha 3 formas: um documento medular que ofereça um perfil do discípulo missionário hoje na América Latina; uma mensagem final aos povos; e a proposta de vários temas pastorais para se trabalhar em seguida com o auxílio de subsídios. Disse que a pastoral é um caminho de conversão eclesial, missionária e inculturada para atingir os batizados distantes e próximos.

Em seguida relembrou os enormes desafios resumidos numa reunião anterior: a ruptura na transmissão da fé, a iniquidade escandalosa que divide a população em "cidadãos" e em "excedentes e descartáveis", e finalmente a crise dos vínculos familiares e sociais".[4]

Neste mesmo dia, Bergoglio foi eleito pelo plenário como presidente da Comissão de Redação do Documento de Aparecida, junto com sete outros cardeais ou bispos.[5] Do trabalho em comum durante cada dia, mas prolongado por muitas noites e mesmo madrugadas adentro, criaram-se fortes laços de companheirismo e afeto entre os integrantes desta comissão de redação. Um deles, o Cardeal Cláudio Hummes, então prefeito da Congregação do Clero, esteve ao lado de Bergoglio, por insistência sua, quando foi anunciado à multidão apinhada na Praça São Pedro o *Habemus Papam*.

Confessou o papa que fora o mesmo Hummes, franciscano, cardeal emérito de São Paulo quem, abraçando-o, logo depois de sua escolha, havia-lhe instado: "Não se esqueça dos pobres!". Ocorreu-lhe, nesse momento, assumir o nome de Francisco, como sinal de seu pontificado.[6]

---

[4] Ibid., p. 119.

[5] Monsenhor Carlos Aguiar Retes (México), Cardeal Cláudio Hummes (Brasil), Cardeal Oscar Rodriguez Maradiaga (Honduras), Monsenhor Ricardo Ezati (Chile), Mons. Julio Cabrera Ovalle (Guatemala), Monsenhor Ricardo Tobón Restrepo (Colômbia).

[6] Acerca da escolha do nome Francisco, eis o relato do papa aos jornalistas que cobriram sua eleição: "Alguns não sabiam porque o Bispo de Roma tinha querido se chamar Francisco. Alguns pensavam em Francisco Xavier, em Francisco de Sales, também em Francisco de Assis. Eu lhes conto a história. Na eleição, eu tinha a meu lado o arcebispo emérito de São Paulo, e também prefeito da Congregação para o Clero, o Cardeal Claudio Hummes: um grande amigo, um grande amigo! Quando a situação ficava um pouco perigosa, ele me consolava. E quando os votos chegaram a dois terços, ocorreu o costumeiro aplauso, porque tinha sido eleito o papa. E ele me abraçou, me beijou e disse: 'Não se esqueça dos pobres!'. E apareceu essa palavra: os pobres, os pobres... Logo depois, com respeito aos pobres, pensei em Francisco de Assis. Depois, pensei nas guerras, enquanto a contagem dos votos prosseguia até o fim. E Francisco é um homem da paz. E, assim, surgiu o nome, no meu coração: Francisco de Assis. Para mim, é o homem da pobreza, o homem da paz, o homem que cuida da criação. Neste

Desse mesmo grupo da Comissão de Redação de Aparecida, Bergoglio escolheu o Cardeal de Tegucigalpa, Oscar Rodriguez Maradiaga, ex-presidente do Celam, para presidir a comissão por ele constituída para auxiliá-lo de forma colegiada na definição dos rumos do seu pastoreio romano e universal. Para esta mesma comissão, escolheu também o então presidente do Celam e um dos três presidentes da Conferência de Aparecida, o Cardeal Francisco Javier Errázuriz, arcebispo de Santiago do Chile, onde havia cursado seus estudos teológicos.[7]

Em Aparecida, por sugestão de Bergoglio, estava presente como observador o rabino Claudio Epelman, diretor executivo do Congresso Judaico Latino-americano, membro da comunidade hebraica da Argentina. Vale lembrar que Buenos Aires conta com a maior comunidade de judeus no mundo todo, depois dos que vivem no Estado de Israel e na cidade de Nova York. Bergoglio leva para Roma suas intensas relações com esta comunidade. As reflexões surgidas dos muitos encontros do ainda Cardeal Jorge Bergoglio com Abraham Skorka, reitor do Seminário Rabínico de Buenos Aires, foram publicadas no livro *Sobre o céu e a terra*.[8]

---

momento, nós também temos com a criação uma relação não muito boa, não é? É o homem que nos dá esse espírito de paz, o homem pobre... Ah, como gostaria de uma Igreja pobre e para os pobres!". Francisco, uma interpretação em perspectiva – Discurso aos representantes da mídia. *Il Regno – Documenti* 7/2013, p. 196.

[7] Os oito nomes escolhidos para a comissão, representando os cinco continentes, foram: como coordenador o Cardeal Óscar Andrés Rodríguez Maradiaga, arcebispo de Tegucigalpa, Honduras, e presidente da Caritas Internacional; o Cardeal Giuseppe Bertello, presidente da Pontifícia Comissão para o Estado da Cidade do Vaticano; Cardeal Francisco Javier Errázuriz Ossa, arcebispo emérito de Santiago, Chile, e ex-presidente do CELAM; Cardeal Oswald Gracias, arcebispo de Mumbai, Índia; Cardeal Reinhard Marx, arcebispo de Munique e Freising, Alemanha; Cardeal Laurent Monsengwo Pasinya, arcebispo de Kinshasa, na República Democrática do Congo; Cardeal Sean Patrick O'Malley, arcebispo de Boston, nos Estados Unidos, e Cardeal George Pell, arcebispo de Sydney, na Austrália. O Bispo Marcello Semeraro de Albano, na Itália, será o secretário do grupo.

[8] A apresentação do livro do Cardeal de Buenos Aires e do rabino, na sua edição brasileira, comenta as reflexões ali recolhidas: "São exemplares na procura de entendimento

Da missa que Bergoglio celebrou na Basílica de Aparecida, no dia 16 de maio, recolhemos um breve registro: "Nesta manhã presidiu a Eucaristia o Cardeal Bergoglio, com uma agradável homilia sobre o Espírito Santo, na qual convidava a evitar uma Igreja autossuficiente e autorreferencial e enfatizava que a Igreja deve ser capaz de atingir todas as periferias humanas".[9]

De Aparecida, cujo tema geral foi: "Discípulos e missionários de Jesus Cristo para que nele nossos povos tenham vida", podem ser destacadas algumas preocupações de fundo, que estarão presentes na mente e no coração do Papa Francisco:

– concretizar a animação bíblica de toda a pastoral;

– renovar todas as estruturas eclesiais para que sejam essencialmente missionárias;

– reafirmar a opção pelos pobres e excluídos;

– crescer num estilo de proximidade cordial com o povo;

– estimular o compromisso de todos com a vida pública.[10]

Se nos interrogarmos, porém, para além de Aparecida, o que poderia ser levado, por Bergoglio, da caminhada secular da Igreja latino-americana, em especial de sua experiência a partir da II Conferência Geral do Episcopado Latino-americano, em Medellín

---

pelo diálogo e no respeito sincero pelas diferenças. Ao longo dos anos, em conversas de coração aberto que não evitaram os assuntos mais difíceis – e que estão documentadas neste livro ímpar –, os dois líderes compartilham a fé na capacidade de suas religiões em fazer homens melhores. São diálogos entre dois homens simples e eruditos, estudiosos do catolicismo e do judaísmo, que acreditam que as Igrejas precisam 'sujar os pés' para ajudar quem precisa de ajuda. O Papa Francisco, Cardeal Jorge Mario Bergoglio, e o rabino Abraham Skorka, reitor do Seminário Rabínico Latino-americano, por coincidência dois químicos de formação, encontravam-se na sede do episcopado e na comunidade judaica Benei Tikva, na Argentina". BERGOGLIO, Jorge; SKORKA, Abraham. *Sobre o céu e a terra*. São Paulo: Editora Paralela, 2013.

[9]   MANUEL, op. cit., p. 123.

[10] Cf. MANUEL, op. cit., pp. 30-41.

(1968), que muitos consideram como a ata de nascimento da Igreja latino-americana, com um rosto e projeto próprios?

Elencamos abaixo alguns traços desta Igreja.

América Latina: uma Igreja de mártires

Para Roma, o maior tesouro é conservar e venerar o testemunho e a memória do martírio de Pedro e Paulo e manter viva, em sua anáfora eucarística, o Cânon Romano ou Prece Eucarística I, como é hoje conhecida a solene invocação de Pedro e Paulo, junto à de outros de seus mártires. O martírio dos dois apóstolos e dos que seguiram seus passos é referência primeira e selo de uma fé professada com destemor. Assim, no Canon Romano, depois de Pedro e Paulo e dos demais apóstolos, são relembrados, Lino, Cleto, Clemente, Sisto, Cornélio, Cipriano, o diácono Lourenço, Crisógono, João e Paulo, Cosme e Damião e também, num segundo momento, suas mártires Felicidade e Perpétua, Águeda e Luzia, Inês, Cecília, Anastácia.

Bergoglio vai poder responder com conhecimento de causa e em nome das Igrejas todas da América Latina àquela interpelação do ancião do Apocalipse:

> Estes, que estão vestidos com túnicas brancas, *quem são e de onde vieram*? Respondi: "Tu é que sabes, meu Senhor". Ele então me disse: "Estes são os que vieram da grande tribulação. Lavaram e branquearam suas vestes no sangue do Cordeiro... E Deus enxugará toda a lágrima de seus olhos" (Ap 7,13-14.17b).

A grande tribulação na história da América Latina aconteceu quando do martírio relâmpago dos povos indígenas nas guerras de conquista e do seu lento definhar nos trabalhos forçados das *encomiendas* nas fazendas, da *mita* nas minas de prata e ouro ou nos *obrajes* das cidades. Tribulação semelhante ou pior se abateu sobre os escravos negros trazidos à força da África e vendidos como mercadorias, num martírio cotidiano e transmitido perpetuamente pelas mães a seus filhos e filhas.[11] Mais recentemente, foram as mais de três décadas de implacáveis ditaduras militares, nas quais, em nome de Deus, se assassinaram milhares de pessoas, que, por sua fé e pela causa da justiça, defenderam pobres e pequenos e denunciaram profeticamente uma ordem injusta que queria se justificar invocando a defesa da civilização ocidental e cristã.[12]

A Igreja latino-americana sofreu muito, e ainda sofre, com a incompreensão e obstinada resistência romana em se reconhecer oficialmente seus mártires, cujo sangue foi derramado pela causa da justiça, na defesa da vida do "pobre, do órfão, da viúva, do estrangeiro",

---

[11] Seguindo a máxima do direito romano, *partus sequitur ventrem*, na América, todos os nascidos de mulheres escravas, ainda que de pais livres, eram legalmente escravos e escravas para sempre.

[12] A 30 de janeiro de 1980, escrevia no seu diário o Bispo Pedro Casaldáliga, de São Félix do Araguaia, Mato Grosso, Brasil: "Dia 30. Foi morto, assassinado pelos que cobiçam as terras indígenas, o cacique Angelo, Kaingang, de Mangueirinha, no Paraná. ¡Um novo Sepé Tiaraju, Angelo Kretã!
A sua morte me entristeceu como a morte de um irmão.
Seu sangue não pode ter sido derramado em vão pela causa indígena. Cresce o número de nossos mártires" (*En rebelde fidelidad*; diário de Pedro Casaldáliga – 1977/1983. Barcelona: Desclée de Brouwer, p. 18).
No dia 25 de março de 1980, é novamente golpeado pelo martírio, agora de um irmão bispo, que Casaldáliga não hesita de chamar de "santo", como fazia a Igreja primitiva com seus mártires e como o fez o povo pobre de El Salvador, desde o dia mesmo de seu assassinato: "Dia 25. Ontem morreu assassinado Monsenhor Oscar Romero, o bom pastor de São Salvador, enquanto celebrava a Eucaristia. Seu sangue misturou-se para sempre com o sangue glorioso de Jesus e o sangue, ainda profanado, de tantos salvadorenhos, de tantos latino-americanos.
Romero, flor de uma paz que parece impossível nesta América Central sofrida.
A impressão que se tem, sem dúvida, é que o império o tenha matado. Sua morte é por pagamento, por dinheiro, por dólares. Sua voz era livre e forte demais e era preciso fazê-la calar. Ele sabia e estava preparado para esse sacrifício.
Foi na véspera da Anunciação. O anjo do Senhor veio antes para anunciar, com esta morte, a chegada de um tempo de vida para São Salvador, para a América Central, para todo o continente.
São Romero da América, nosso pastor e mártir. Clara lição para todos os pastores... Não é possível que o Deus dos pobres não acolha esta oblação." Ibid., p. 19.

chamados que foram a identificar e defender o rosto sofredor do Cristo naqueles seus irmãos e irmãs perseguidos.

Puebla os evoca de maneira grave e eloquente, depois de denunciar a situação de pecado social estrutural vigente no continente:

> Comprovamos, pois, como o mais devastador e humilhante flagelo, a situação de pobreza desumana em que vivem milhões de latino-americanos e que se exprime, por exemplo, em mortalidade infantil, em falta de moradia adequada, em problemas de saúde, salários de fome, desemprego e subemprego, desnutrição, instabilidade no trabalho, migrações maciças, forçadas e sem proteção (n. 29).

Acrescenta Puebla, fazendo o enlace entre essa injustiça estrutural, os sofrimentos e a paixão do próprio Cristo e os rostos concretos que historicamente a reviveram e encarnaram:

> Esta situação de extrema pobreza generalizada adquire, na vida real, feições concretíssimas, nas quais deveríamos reconhecer as feições sofredoras de Cristo, o Senhor que nos questiona e interpela (n. 31):

> – feições de indígenas e, com frequência, também de afro-americanos, que, vivendo segregados e em situações desumanas, podem ser considerados os mais pobres dentre os pobres (n. 34);

> – feições de camponeses, que, como grupo social, vivem relegados em quase todo o nosso continente, sem terra, em situação de dependência interna e externa, submetidos a sistemas de comércio que os enganam e os exploram (n. 35);

> – feições de operários, com frequência, mal remunerados, que têm dificuldade de se organizar e defender os próprios direitos (n. 36);

> – feições de subempregados e desempregados, despedidos pelas duras exigências das crises econômicas e, muitas vezes, de modelos desenvolvimentistas que submetem os trabalhadores e suas famílias a frios cálculos econômicos (n. 37);

– feições de marginalizados e favelados das nossas cidades, sofrendo o duplo impacto da carência dos bens materiais e da ostentação da riqueza de outros setores sociais (n. 38).

Puebla conclui com os rostos de crianças golpeadas pela pobreza e abandonadas pelas cidades (n. 32), de jovens desorientados e frustrados (n. 33) e de anciãos, cada vez mais numerosos e colocados à margem da sociedade (n. 39).

A V Conferência Geral do Episcopado Latino-americano, reunida em Aparecida, em 2007, reconheceu solenemente este caráter martirial da Igreja latino-americana em várias passagens do seu documento.

Apontou, em primeiro lugar, o martírio como consequência de suas opções pastorais de colocar-se ao lado dos pobres em sua luta pela justiça:

> [...] Seu empenho [da Igreja] a favor dos mais pobres e sua luta pela dignidade de cada ser humano têm ocasionado, em muitos casos, a perseguição e inclusive a morte de alguns de seus membros, os quais consideramos testemunhas da fé. Queremos recordar o testemunho valente de nossos santos e santas, e aqueles que, inclusive sem terem sido canonizados, viveram com radicalidade o Evangelho e ofereceram sua vida por Cristo, pela Igreja e por seu povo (DAp, n. 98).

O discípulo que se torna parecido ao mestre, identificando-se com Cristo, corre o mesmo risco de partilhar o seu destino: "Estimula-nos o *testemunho de tantos missionários e mártires de ontem e de hoje* em nossos povos que têm chegado a compartilhar a cruz de Cristo até a entrega da própria vida" (DAp, n. 140).

Retoma o tema ao falar da vida consagrada:

> É chamada a ser uma vida missionária, apaixonada pelo anúncio de Jesus-verdade do Pai, por isso mesmo radicalmente profética, capaz

de mostrar, à luz de Cristo, as sombras do mundo atual e os caminhos de uma vida nova, *para o que se requer um profetismo que aspire até a entrega da vida em continuidade com a tradição de santidade e martírio de tantas e tantos consagrados*, ao longo da história do continente (DAp, n. 220).

A evocação dos mártires reaparece mais à frente:

> Nossas comunidades levam o selo dos apóstolos e, além disso, reconhecem o testemunho cristão de tantos homens e mulheres que espalharam em nossa geografia as sementes do Evangelho, vivendo valentemente sua fé, *inclusive derramando seu sangue como mártires*. Seu exemplo de vida e santidade constitui um presente precioso para o caminho cristão dos latino-americanos e, simultaneamente, um estímulo para imitar suas virtudes nas novas expressões culturais da história. Com a paixão de seu amor a Jesus Cristo, foram membros ativos e missionários em sua comunidade eclesial. Com valentia, perseveraram na promoção dos direitos das pessoas, foram perspicazes no discernimento crítico da realidade à luz do ensino social da Igreja e críveis pelo testemunho coerente de suas vidas (DAp, n. 275).

No capítulo VIII do Documento de Aparecida: "Reino de Deus e promoção da dignidade humana", são alinhados vários sinais da presença de Deus, dentre os quais se sobressai o martírio de tantos cristãos do continente:

> São sinais evidentes da presença de Deus: a vivência pessoal e comunitária das bem-aventuranças, a evangelização dos pobres, o conhecimento e cumprimento da vontade do Pai, *o martírio pela fé*, o acesso de todos aos bens da criação, o perdão mútuo, sincero e fraterno, aceitando e respeitando a riqueza da pluralidade e a luta para não sucumbir à tentação e não ser escravos do mal (DAp, n. 383).

Numa declaração programática da Igreja com a qual sonha, mas também se compromete a V Conferência, está incluída sua disposição a dar testemunho, ainda que à custa do martírio:

Comprometemo-nos a trabalhar para que a nossa Igreja latino-americana e caribenha continue sendo, com maior afinco, companheira de caminho de nossos irmãos mais pobres, *inclusive até o martírio*. Hoje, queremos ratificar e potencializar a opção preferencial pelos pobres feita nas conferências anteriores.[13] Que seja preferencial implica que deva atravessar todas as nossas estruturas e prioridades pastorais. A Igreja latino-americana é chamada a ser sacramento de amor, solidariedade e justiça entre nossos povos (DAp, n. 396).

Finalmente é resgatada a experiência martirial de muitas das comunidades eclesiais de base no continente:

> Na experiência eclesial da América Latina e do Caribe, as comunidades eclesiais de base têm sido com frequência verdadeiras escolas que ajudaram a formar discípulos e missionários do Senhor, *como testemunha a generosa entrega, até o derramamento do próprio sangue*, de tantos de seus membros. Elas lembram as experiências das primeiras comunidades como descritas nos Atos dos Apóstolos (ver At 2,42-47). Medellín reconheceu nelas uma célula inicial de estruturação eclesial e ponto focal de evangelização.[14] Enraizadas no coração do mundo, são espaços privilegiados para a vivência comunitária da fé, fontes de fraternidade e de solidariedade, alternativas na sociedade atual fundada no egoísmo e numa despiedada competição (DAp, n. 178).[15]

A insistência da V Conferência de Aparecida na experiência do martírio tem muito a ver, como dissemos antes, com a resistência em se reconhecer oficialmente este testemunho de entrega total da vida, dom precioso de Deus na experiência eclesial de tantas comunidades do continente.

---

[13] Medellín, n. 14, 4-11; DAp, n. 1134-1165; SD, n. 178-171.

[14] Cf. Medellín, n. 15.

[15] Devido às muitas modificações que, em instâncias do CELAM e de Roma, foram introduzidas posteriormente no texto aprovado pelos bispos ao final da conferência, alterando de maneira substancial algumas passagens, citamos a versão deste parágrafo no seu original aprovado pela assembleia no dia 31 de maio de 2007.

Bergoglio, uma vez papa, apressou-se, num gesto de profundo simbolismo para todo o continente, a destravar o processo de beatificação do arcebispo de El Salvador, o mártir Monsenhor Oscar Arnulfo Romero, que fora formalmente aberto pela arquidiocese de El Salvador, em 1990, e que, uma vez encaminhado a Roma, em 1996, encontrava-se congelado desde 2007 nos escaninhos da Congregação das Causas dos Santos. O anúncio foi dado pelo Arcebispo Vincenzo Paglia, postulador da causa de Monsenhor Romero, no domingo, 21 de abril, ao final da sua homilia dedicada à memória de Antonio "Tonino" Bello, bispo de Molfetta, no 20º aniversário de sua morte. Bello é conhecido como um dos principais "bispos da paz" na Itália. Paglia anunciou: "Hoje, no dia da morte de Don Tonino, a causa da beatificação de Dom Romero foi desbloqueada!".[16]

Bem antes deste feliz anúncio, por todo o continente e mesmo noutros quadrantes, surgiram capelas, santuários e até mesmo paróquias sob a invocação de São Oscar Romero, com festividade no dia 24 de março, dia do seu martírio. Segue-se, assim, com Romero e com tantos mártires do continente, delegados e delegadas da Palavra, religiosas, sacerdotes e bispos, a antiga e venerável tradição da Igreja de que esses mártires estavam já canonizados pela entrega corajosa de suas vidas pela fé e pela justiça.

Na Argentina, cuja hierarquia em sua grande maioria apoiou a ditadura militar que deixou mais de 30 mil mortos e desaparecidos, um punhado de bispos,[17] entre os quais Enrique Angelelli[18] de la Rioja, no norte argentino, denunciou vigorosamente o regime, seus assassinatos, torturas e atropelos aos direitos humanos. Como jovem

---

[16] A reportagem de John L. Allen Jr., publicada no sítio do National Catholic Reporter (22 abr. 2013), foi traduzida por Moisés Sbardelotto e colocada no site do IHU, em 23 abr. 2013.

[17] Jaime de Nevares, bispo de Neuquén, Jorge Novak de Quilmes e Miguel Hesayne de Viedma.

[18] Córdoba, 18 de julho de 1923; La Rioja, 4 de agosto de 1976.

bispo, Angelelli foi padre conciliar participando da primeira, terceira e quarta sessões do Vaticano II. Somou-se ao grupo da "Igreja dos pobres" e foi um dos 40 bispos que no dia 16 de novembro de 1965, após a concelebração da missa nas Catacumbas de Santa Domitila, assinou o Pacto das Catacumbas, sinalizando seu evangélico compromisso com os pobres e com a causa da justiça, o que acabou custando-lhe a vida.

Contrariando a versão dos militares de que sua morte fora simplesmente um acidente de carro e a atitude reticente do episcopado, o povo sempre considerou aquele um acidente provocado e Angelelli, um mártir. No dia 4 de agosto de 2006, ao cumprir-se 30 anos de sua morte, o então presidente da Conferência Episcopal Argentina, o Cardeal Bergoglio, de Buenos Aires, declarou em sua homília na Catedral de La Rioja que Enrique Angelelli "recebia pedradas por pregar o Evangelho e, por ele, derramou seu sangue".

América Latina abraça a herança do Vaticano II

Do Concílio Vaticano II abraçado com entusiasmo e levado à prática de maneira fiel, mas também criativa e inovadora, queremos destacar algumas contribuições da Igreja na América Latina, que se cristalizaram na II Conferência Geral do Episcopado Latino-americano, em Medellín, na Colômbia, de 26 de agosto a 6 de setembro de 1968.

A Conferência de Medellín é considerada, a justo título, a ata de nascimento da Igreja latino-americana, com rosto próprio.

Para a consciência eclesial latino-americana, Medellín é uma experiência fundante. O pedido de uma II Conferência Geral do Episcopado Latino-americano, apresentado a Paulo VI em setembro de 1965, a poucos dias da abertura do quarto e último período do concílio, vinha acompanhado de um duplo anelo: buscar caminhos para a recepção do concílio como Igreja continental e preencher determinadas lacunas do Vaticano II.[19] No discurso de 23 de novembro de 1965, para cerca de 450 bispos latino-americanos, por ocasião do décimo aniversário do Celam, Paulo VI acenou, pela primeira vez, publicamente, para a realização da II Conferência, como meio de estabelecer um plano de pastoral para a aplicação do Concílio no continente:

> Vamos dizer ainda mais: sob certos aspectos e para certos temas poderá ser útil e oportuno também estudar um plano em nível continental através do vosso Conselho Episcopal em sua função de organismo de contato e colaboração entre as Conferências Episcopais da América Latina.[20]

De Medellín a Aparecida, a opção preferencial pelos pobres

Entre as lacunas do Vaticano II, estiveram a dificuldade em se colocar no centro de suas preocupações, mesmo na *Gaudium et Spes*, a situação de miséria e pobreza das grandes maiorias do continente americano, mas também da África e Ásia, e seu anelo por romper com esta situação. Outras lacunas foram a escassa atenção à juventude e à

---

[19] Em carta ao Cardeal Confalonieri, presidente da CAL (Pontifícia Comissão para a América Latina), Monsenhor Manoel Larrain, bispo de Talca, no Chile, e presidente do CELAM, transmitia o conteúdo da resolução aprovada, ao iniciar-se a quarta sessão do concílio, no dia 23 de setembro de 1965: "[...] os delegados do CELAM autorizaram a presidência a buscar, de acordo com a CAL, como fazer dessa iniciativa (Congresso Eucarístico de Bogotá, em 1968), a ocasião para realizar um trabalho prático, concreto, efetivo e em conjunto com o episcopado latino-americano naquelas matérias que se considerem mais úteis e urgentes para o desenvolvimento do apostolado no continente".

[20] PAULO VI. No X aniversário do Celam, Exortação Pastoral para o trabalho apostólico na América Latina. In: PAULO VI. *Ensinamentos de Paolo VI*, III/1965. Città del Vaticano: Tip. Poliglotta Vaticana, 1966, p. 661.

catequese, temas cruciais para um continente constituído majoritariamente por crianças e jovens.

Esses temas estiveram à margem do Vaticano II, mas constituem o fulcro de dois dos 16 documentos de Medellín, o da juventude (Medellín, n. 5) e o da catequese (Medellín, n. 8).

Igreja dos pobres, outro horizonte pouco assumido no concílio, salvo em raras passagens (LG, n. 8; GS, n. 1, 63, 81, 88, 90; CD, n. 13, 30), torna-se o coração do documento sobre a Igreja em Medellín: "A pobreza na Igreja" (Medellín, n. 14) e o objetivo primeiro de sua ação, com a "Pastoral popular" (Medellín, n. 6).

Escutar o grito dos pobres, como interpelação evangélica, comprometer-se com eles e agir para transformar o mundo e a igreja foi uma das inspirações da Assembleia de Medellín: "O episcopado latino-americano não pode ficar indiferente perante as tremendas injustiças sociais existentes na América Latina, que mantêm a maioria de nossos povos numa dolorosa pobreza e que, em muitíssimos casos, chega a ser miséria inumana" (Medellín, n. 14, 1).

"Não basta refletir, obter maior clareza e falar. É preciso agir. Esta não deixou de ser a hora da *palavra*, mas tornou-se, com dramática urgência, a hora da *ação*."[21]

A leitura da realidade em Medellín está marcada pela teoria da dependência que tentava explicar o subdesenvolvimento da maioria dos povos pelo desenvolvimento desigual e assimétrico entre Norte e Sul do mundo e por novas formas de colonialismo internacional agravadas por colonialismos internos. Reflete igualmente o impacto da tomada de consciência, por parte os setores populares, da secular opressão econômica e dominação política responsáveis pela pobreza e miséria das maiorias. Reflete ademais o despertar dos movimentos

---

[21] Introdução às conclusões – Presença da Igreja na atual transformação da América Latina, parágrafo 3. In: CELAM. *Conclusões de Medellín*. Petrópolis: Vozes, 1969, p. 41.

populares no campo e nas cidades e a decisão da Igreja de somar-se a eles em suas lutas e reivindicações.

Em Medellín, a Igreja assume como tarefa pastoral: "Alentar e favorecer todos os esforços do povo para criar e desenvolver suas próprias organizações de base, pela reivindicação e consolidação dos seus direitos e busca de uma verdadeira justiça" (Medellín, n. 2, 27), e acrescenta: "A pobreza da Igreja e de seus membros na América Latina deve ser sinal e compromisso. Sinal do valor inestimável do pobre aos olhos de Deus; compromisso de solidariedade com os que sofrem" (Medellín, n. 14, 7).

Puebla consolida essa perspectiva e faz da opção preferencial pelos pobres o horizonte prioritário de sua ação pastoral: "A evangelização dos pobres foi para Jesus um dos sinais messiânicos e será também para nós sinal de autenticidade evangélica" (n. 1130).

Por outro lado, Puebla desvela o potencial evangelizador dos pobres:

> O compromisso com os pobres e oprimidos e o surgimento das comunidades eclesiais de base ajudaram a Igreja a descobrir o potencial evangelizador dos pobres, enquanto estes a interpelam constantemente, chamando-a à conversão, e porque muitos deles realizam em sua vida os valores evangélicos de solidariedade, serviço, simplicidade e disponibilidade para acolher o dom de Deus (n. 1147).

Se Medellín via a raiz das desigualdades e da opressão na exploração do trabalho e nos mecanismos injustos do comércio internacional, essa leitura sofre o impacto de importantes mudanças. Aparecida identifica no atual modelo de globalização a causa principal das injustiças e das novas desigualdades: "[...] Na globalização, a dinâmica do mercado absolutiza com facilidade a eficácia e a produtividade como valores reguladores de todas as relações humanas. Esse caráter peculiar faz da globalização um processo promotor de iniquidades e injustiças múltiplas" (DAp, n. 67).

Prossegue o Documento de Aparecida:

> [...] Uma globalização sem solidariedade afeta negativamente os setores mais pobres. Já não se trata simplesmente do fenômeno da exploração e opressão, mas de algo novo: a exclusão social. Com ela, a pertença à sociedade na qual se vive, fica afetada na raiz, pois já não [se] está abaixo, na periferia ou sem poder, mas [se] está fora. Os excluídos não são somente "explorados", mas "supérfluos" e "descartáveis" (DAp, n. 69).

Por fim, Aparecida enlaça de maneira clara a opção preferencial pelos pobres com a fé cristológica, dando-lhe um firme enraizamento teológico:

> Nossa fé proclama que "Jesus Cristo é o rosto humano de Deus e o rosto divino do homem" (EAm 67). Por isso, "a opção preferencial pelos pobres está implícita na fé cristológica naquele Deus que se fez pobre por nós, para nos enriquecer com sua pobreza. Essa opção nasce de nossa fé em Jesus Cristo, o Deus feito homem, que se fez nosso irmão" (cf. Hb 2,11-12).

Ao assumir o nome de Francisco, Bergoglio abraçou como raiz e fundamento do seu pontificado essa inarredável opção pelos pobres que marcou o caminhar da Igreja latino-americana desde Medellín.

Medellín: exercício deliberante da colegialidade episcopal

Medellín traz ainda desdobramentos eclesiológicos únicos para dimensões fundamentais do Vaticano II.

Trata-se, no imediato pós-concílio, da única recepção conciliar empreendida não apenas a nível de Igrejas particulares, no âmbito de uma diocese ou região, ou ainda de Igrejas nacionais, impulsionadas pela respectiva conferência episcopal, mas de uma recepção continental. Medellín, de fato, modelou a recepção do Vaticano II para todo o continente latino-americano e caribenho.

A África, que se empenhou por obter de Roma a permissão para um concílio pan-africano destinado a encaminhar a recepção do Vaticano II, à luz das exigências e singularidades daquele continente, só conseguiu reunir-se por primeira vez numa Assembleia extraordinária do Sínodo, aberta em Roma, no segundo domingo depois da Páscoa, em 1995, 30 anos depois do encerramento do Concílio.[22]

Dentre os desdobramentos da recém-aprovada doutrina da colegialidade episcopal (LG, n. 22-23), esperavam os padres conciliares que surgisse alguma forma institucionalizada de governo mais colegial da Igreja. Alguns sonhavam com uma espécie de senado constituído por presidentes das conferências que pudesse ser associado ao papa nas suas tarefas e responsabilidades relativas ao conjunto da Igreja.

A fórmula anunciada por Paulo VI na abertura da quarta e última sessão conciliar foi a de um Sínodo dos Bispos de caráter apenas consultivo, ou seja, uma forma apequenada e restrita daquela solicitude pela Igreja universal (LG, n. 23) e também do exercício daquela suprema autoridade em relação ao conjunto da Igreja de que goza o colégio episcopal, em comunhão entre si e com Pedro, no vínculo da unidade, caridade e paz (LG, n. 22).

Medellín e as sucessivas conferências gerais do episcopado latino-americano de Puebla, Santo Domingo e Aparecida, revelaram-se um exercício mais pleno da colegialidade episcopal de caráter deliberativo e não apenas consultivo; exercício mais próximo de um concílio do que de um sínodo.

---

[22] Exortação apostólica pós-sinodal *Ecclesia in Africa*, 1995.

Essas conferências deram lugar a uma pastoral e a um magistério próprios reconhecidos como contribuição original para a caminhada da Igreja latino-americana e para o conjunto da Igreja. Infelizmente, não se conseguiu esse desdobramento mais rico e assertivo da colegialidade episcopal nos demais continentes, de forma que pudesse contrabalançar a tendência a um nefasto retorno ao centralismo sufocante e paralisante da Cúria romana e a um exercício do primado pontifício descolado da colegialidade episcopal.

Povo de Deus: povo dos pobres e as comunidades eclesiais de base

Outro desdobramento eclesial de fundamental importância foi a tradução do rico e fundamental conceito de povo de Deus, pedra basilar da Constituição *Lumen Gentium*, numa fórmula original que associou o protagonismo de todos os batizados e batizadas na vida da Igreja, com o povo dos pobres, como novo sujeito eclesial no seio das Comunidades Eclesiais de Base (CEBs).

As CEBs já são propostas como tradução da nova eclesiologia da *Lumen Gentium* no Plano de Pastoral de Conjunto da Igreja do Brasil, aprovado como roteiro de recepção do Vaticano II para todo o país no apagar das luzes do Concílio, em novembro de 1965.

Recebem uma formulação lapidar em Medellín que já recolhe os traços característicos desta verdadeira revolução eclesial e propõe as CEBs como caminho privilegiado para a recepção da intuição da Igreja como povo de Deus proclamada na *Lumen Gentium*:

> Assim, a comunidade cristã de base é o primeiro e fundamental núcleo eclesial, que deve, em seu próprio nível, responsabilizar-se pela riqueza e expansão da fé, como também pelo culto que é sua expressão. É ela, portanto, célula inicial de estruturação eclesial e foco de evangelização e atualmente fator primordial de promoção humana e desenvolvimento (Medellín, n. 16, 10).

Leitura popular da Bíblia

Outro traço da Igreja latino-americana que o Papa Francisco leva para Roma é a experiência continental da leitura popular da Bíblia.

Não há em Medellín um documento específico que retome a Constituição dogmática *Dei Verbum* do Concílio, mas a Palavra de Deus, devolvida ao povo nos círculos bíblicos, nas comunidades eclesiais de base e no movimento da leitura popular da Bíblia, esteve no coração da revolução provocada por Medellín.

Para tanto, contribuiu, e muito, a generosa iniciativa da Comunidade de Taizé na França, que, após o Concílio, doou às Igrejas da América Latina, mormente à Católica, um milhão de exemplares do Novo Testamento em castelhano e outro milhão em português, para serem distribuídos gratuitamente às comunidades mais pobres do continente, tanto a católicas como a evangélicas. Mais de 90% desses exemplares do Novo Testamento foram entregues a comunidades católicas, onde milhares de pessoas tiveram pela primeira vez em suas mãos a Palavra de Deus.

O Cardeal Joseph Ratzinger, quando ainda prefeito da Congregação para a Doutrina da Fé, em entrevista de 1995, viu na leitura popular da Bíblia, importante contribuição da Teologia da Libertação latino-americana:

> A exegese deu-nos muitos elementos positivos, mas também fez com que surgisse a impressão de que uma pessoa normal não é capaz de ler a Bíblia, porque tudo é tão complicado. Temos de voltar a aprender que a Bíblia diz alguma coisa a cada um e que é oferecida precisamente aos simples. Nesse caso, dou razão a um movimento que surgiu no seio da Teologia da Libertação que fala da *interpretación popular*. De acordo com essa interpretação, o povo é o verdadeiro proprietário da Bíblia e, por isso, o seu verdadeiro intérprete. Não precisam conhecer todas as nuances críticas; compreendem o essencial. A teologia, com os seus grandes conhecimentos, não se tornará supérflua, até se tornará mais necessária no diálogo mundial das culturas. Mas não pode obscure-

cer a suprema simplicidade da fé que nos põe simplesmente diante de Deus, e diante de um Deus que se tornou próximo de mim ao fazer-se homem.[23]

A emergência de uma teologia latino-americana

As opções pastorais da Igreja latino-americana foram acompanhadas por uma reflexão bíblica e teológica que foi ganhando contornos próprios na sua forma de acompanhar os movimentos populares e a pastoral, na escolha de seus temas prioritários, no seu método e na sua insistência de que toda reflexão deve desembocar numa prática transformadora. Medellín já fala de uma prática pastoral libertadora que mude a realidade que oprime os pobres e lesa sua dignidade de filhos e filhas de Deus. Acrescenta que a educação é um direito de todos e que deve ser uma educação libertadora. Em 1972, Gustavo Gutierrez sistematizará os contornos desta reflexão, lançando com seu livro seminal a Teologia da Libertação.[24]

Esse caminhar e essa reflexão teológica da Igreja latino-americana serão partilhados no Sínodo da Evangelização de 1973. Ganham ali foros de universalidade. A *Evangelii Nuntiandi* acolheu as principais propostas de Medellín e da reflexão teológica latino-americana, transformando-as em contribuições para o conjunto da Igreja, notadamente em sua ênfase na libertação e no laço entre evangelização e promoção humana, entre desenvolvimento e libertação:

---

[23] RATZINZER, Cardeal Joseph, *O sal da terra*; o cristianismo e a Igreja Católica no Limiar do Terceiro Milênio. Um diálogo com Peter Seewald. Rio de Janeiro: Imago, 1997, pp. 210-211.

[24] Cf. GUTIERREZ, Gustavo. In: TAMAYO, Juan José. *A teologia da libertação no novo cenário político e religioso*. 2. ed. Valencia: Tirant lo Blanch, 2011, pp. 394-413.

A Igreja, repetiram-no os bispos, tem o dever de anunciar a libertação de milhões de seres humanos, sendo muitos destes seus filhos espirituais; o dever de ajudar uma tal libertação nos seus começos, de dar testemunho em favor dela e de envidar esforços para que ela chegue a ser total. Isso não é alheio à evangelização (EN, n. 30).

Entre evangelização e promoção humana – desenvolvimento e libertação – existem de fato laços profundos: laços de ordem antropológica, dado que o homem que há de ser evangelizado não é um ser abstrato, mas sim um ser condicionado pelo conjunto dos problemas sociais e econômicos; laços de ordem teológica, porque não se pode nunca dissociar o plano da Criação do plano da Redenção, um e outro abrangerem as situações bem concretas da injustiça que há de ser combatida e da justiça a ser restaurada; laços daquela ordem eminentemente evangélica, qual é a ordem da caridade: como se poderia realmente proclamar o mandamento novo sem promover na justiça e na paz o verdadeiro e o autêntico progresso do homem? (EN, n. 31).

A acolhida calorosa das intuições de Medellín na *Evangelii Nuntiandi* transformou-se, dez anos depois, numa série de suspeitas e advertências a respeito da pastoral e da teologia da Igreja latino--americanas, na Instrução sobre alguns Aspectos da Teologia da Libertação, da Sagrada Congregação para a Doutrina da Fé (*Libertatis Nuntius*: 6 ago. 1984). A firme reação da Conferência Episcopal do Brasil acerca da visão unilateral e marcadamente negativa da instrução que lançava uma nuvem de suspeita sobre a própria Igreja e seu episcopado, o desconforto no Peru com as pressões para que a Igreja local censurasse o teólogo Gustavo Gutierrez e o inconformismo no Brasil, com o processo e o silêncio obsequioso impostos ao teólogo Leonardo Boff, desembocaram num segundo documento, que resgatava os aspectos positivos da caminhada eclesial e da reflexão teológica latino-americana: a Instrução sobre a Liberdade Cristã e a Libertação (*Libertatis conscientia*: 22 mar. 1986). Levou também à convocação em Roma de uma inusitada mesa de diálogo entre o papa, acompanhado de seus auxiliares mais diretos, e a presidência da CNBB, os presidentes dos seus regionais e os cardeais brasileiros, de 13 e 15 de março de 1986.

Depois do encontro, o papa escreveu aos bispos do Brasil dizendo:

> [...] Estamos convencidos, nós e os senhores, *de que a teologia da libertação é não só oportuna, mas útil e necessária* (grifo nosso). Ela deve constituir uma nova etapa – em estreita conexão com as anteriores – daquela reflexão teológica iniciada com a Tradição apostólica e continuada com os grandes padres e doutores, com o Magistério ordinário e extraordinário e, na época mais recente, com o rico patrimônio da Doutrina Social da Igreja, expressa em documentos que vão da *Rerum Novarum* à *Laborem Exercens*.[25]

O papa confiou ainda ao episcopado brasileiro a tarefa de acompanhar o desenvolvimento da Teologia da Libertação:

> Tal papel, se cumprido, será certamente um serviço que a Igreja pode prestar ao país e ao quase continente latino-americano, como também a muitas outras regiões do mundo, onde os mesmos desafios se apresentam com análoga gravidade. Para cumprir esse papel é insubstituível a ação sábia e corajosa dos pastores, isto é, dos senhores. Deus os ajude para que aquela correta e necessária Teologia da Libertação se desenvolva no Brasil e na América Latina, de modo homogêneo e não heterogêneo com relação à teologia de todos os tempos, em plena fidelidade à doutrina da Igreja, atenta a um amor preferencial e não excludente nem exclusivo para com os pobres.[26]

A crise acerca da herança de Medellín e cujos contornos mais visíveis foram as duas instruções sobre a Teologia da Libertação e a carta do papa ao episcopado brasileiro resultaram num reconhecimento

---

[25] JOÃO PAULO II. *Mensagem do Santo Padre ao Episcopado do Brasil*. São Paulo: Loyola, 1986, p. 6.

[26] Ibid., p. 7.

mais amplo e universal das questões ali levantadas e das respostas eclesiais, pastorais e teológicas ali encaminhadas.[27]

Deve-se reconhecer, entretanto, que a libertação em Medellín estava mais vinculada aos aspectos econômicos, políticos e sociais da realidade. Só mais tarde outras dimensões como as discriminações de caráter cultural, de gênero, de raça e de cor, de orientação sexual, ou os desafios que emergem do meio ambiente ganharam maior atenção na reflexão teológica em chave libertadora. Hoje as teologias ecológicas[28] e ecofeministas,[29] a teologia índia,[30] a teologia negra,[31] a teologia da inculturação[32] e toda uma espiritualidade libertadora[33] representam desdobramentos importantes no campo da reflexão, que se reconhece herdeira da teologia que nasce de Medellín.

Na Argentina do Papa Bergoglio, a Teologia da Libertação ganhou com Lúcio Gera e com seu amigo jesuíta, Juan Carlos Scannone,[34] contornos mais próximos da dimensão cultural e de uma

---

[27] Para se divisar as vicissitudes da caminhada eclesial e teológica latino-americanas, na sua tentativa de se repensar o conjunto da teologia, à luz de uma práxis e reflexão libertadoras, cf. BEOZZO, José Oscar. In: AMERINDIA. *Construindo pontes entre teologias e culturas – Memória de um itinerário coletivo*. Montevideu/Bogotá: Amerindia/San Pablo, 2011, pp. 177-188. (Coleção Teologia e Libertação.)

[28] Leonardo Boff, com seu livro *Ecologia: grito da terra, grito dos pobres*. São Paulo: Sextante, 2003, abriu um filão extremamente fecundo e atual da Teologia da Libertação que abraça a terra e todo o cosmos. Por articular ecologia, justiça social e espiritualidade neste livro, ele foi agraciado em 2001, em Estocolmo, Suécia, com o prêmio Nobel Alternativo da Paz.

[29] Cf. TAMEZ, Elsa. El papel de ASETT en La Teología feminista. In: AMERINDIA. *Construindo pontes...*, cit., pp. 115-123.

[30] Cf. LOPEZ HERNANDEZ, Eleazar. A teologia indígena na matriz latino-americana. In: ibid., pp. 125-132.

[31] Cf. SILVA, Sílvia Regina de Lima. Teología Afrolatinoamericana e Caribenha. In: ibid., pp. 133-139.

[32] Sobre Paulo Suess e a inculturação, cf. TAMAYO, op. cit., pp. 515-523.

[33] CASALDÁLIGA, Pedro; VIGIL, José Maria. *Espiritualidade da libertação*. Petrópolis: Vozes, 1993. (Coleção Teologia e Libertação, série III/9.)

[34] Sobre Scannone, cf. TAMAYO, op. cit., pp. 481-489.

atenção à pastoral e religiosidade populares, sem negar as raízes econômicas, sociais e políticas da pobreza e do necessário empenho por sua superação.

O que se espera do Papa Francisco é que consagre o direito de cidadania das teologias latino-americanas, que nasceram sob o signo da libertação, bem como das teologias que floresceram na África, sob o impulso da descolonização e da inculturação do Evangelho, e das teologias da Ásia, atentas às grandes religiões do continente, à sua contribuição salvífica e ao necessário diálogo do cristianismo com as mesmas. Que a Igreja se torne uma grande sinfonia em que se acolhem as diversidades todas, no compromisso com os pobres e no seguimento de Jesus pobre e libertador.

CAPÍTULO I

ENTRE DOIS CONTINENTES

Os pais de Jorge Mario Bergoglio vieram do Piemonte. Deixaram a Itália fascista e, em janeiro de 1929, desembarcaram no porto de Buenos Aires, capital da Argentina.[1] Seu pai, Mario, era empregado da rede ferroviária, enquanto a mãe, Regina Sivori, cuidava da casa e da educação dos cinco filhos. Jorge nasceu em 17 de dezembro de 1936. Antes de terminar o ginásio, o pai quis que ele começasse a trabalhar. Uma das avós cuidou com muita atenção de sua educação religiosa. Assim, ia regularmente à missa e participou de um grupo paroquial da Ação Católica do bairro portuário de Flores. Diplomou-se como técnico químico. Ouviu o chamado ao sacerdócio e entrou no seminário diocesano de Villa Devoto, um enorme edifício na periferia da capital. Em 11 de março de 1958, foi fazer o noviciado na Companhia de Jesus, ordem fundada por Ignácio de Loyola. Terminou os estudos humanísticos no Chile e, em 1963, voltou para a Argentina, onde se formou em Filosofia no Colégio Máximo de São Miguel.

Entre 1964 e 1965, ensinou literatura e psicologia no Colégio da Imaculada de Santa Fé e, em 1966, passou a lecionar as mesmas matérias no Colégio do Salvador, em Buenos Aires. Estudou teologia de 1967 a 1970. Em 13 de dezembro de 1969, foi ordenado sacerdote pelo Arcebispo Ramón José Castellano. Foi enviado para fazer a terceira postulação da formação jesuítica em Alcalá de Henares, na Espanha. Em 2 de abril, fez sua profissão de fé com os jesuítas.

---

[1] Superfície de 2.780.400 km^2, população de 40.764.561 habitantes (censo de 2011).

Os primeiros jesuítas tinham chegado à Argentina em 1585, vindos do Peru. Vinte anos mais tarde foi criada a província do Paraguai, que incluía vários países, inclusive a Argentina.[2] Os jesuítas trabalhavam em duas áreas, tentando integrar os espanhóis e os índios. Na primeira área, criaram colégios em várias cidades e fundaram em 1613, em Córdoba, a primeira universidade da época colonial. Com os índios criaram as *reduciones* [missões], espécie de comunidade para fixar as populações indígenas. O termo se originou do programa de levar as populações seminômades a terem uma vida sedentária. Foram constituídas 32 *reduciones* entre os Guaranis: 16 na Argentina, 8 no Paraguai, 7 no Brasil e 1 no Uruguai, organizadas em sociedade. Outras *reduciones* estavam dispersas em todo o território. Duraram um século e meio e produziram um notável desenvolvimento da pintura, escultura e música. Surpreendente foi a integração entre os Guaranis e os crioulos.

Carlos III, rei de Espanha, em 1767 expulsou todos os jesuítas, e o Papa Clemente XIV, em 1773, suprimiu a Companhia de Jesus, que foi restabelecida em 1814 por Pio VII. Os jesuítas voltaram para a Argentina na época de Rosas (1829-1852), com o qual tiveram muitos embates, tanto que tiveram de ir embora. Depois da batalha de Caseros e a queda de Rosas, voltaram. Sua vida não foi certamente fácil. Os conflitos eram específicos. Tiveram o Colégio do Salvador em Buenos Aires incendiado em 1875 devido à luta entre os católicos e os liberais. No século XX se dedicaram às *missões populares* com o objetivo de educar e catequizar o povo. Desenvolveram uma notável atividade científica principalmente a partir da segunda metade do século, quando foram fundadas as universidades católicas, porém nem sempre com discernimento e cálculos econômico-financeiros.

Desde o século XVI até a metade do século XIX, a Igreja na Argentina se caracterizou como hispânico-crioula, com um clero

---

[2] VISO, I. Perez del. *Clarin*, 17 mar. 2013.

formado na maioria por jesuítas, franciscanos e dominicanos e um laicato que foi protagonista da guerra da independência da Espanha. Desde a metade do século XIX, sobre os restos da Igreja hispânico-crioula, construiu-se uma Igreja italianizada, que contribuiu muito para consolidar a organização nacional, integrar os estrangeiros e os índios num processo que viu a frenética atividade dos salesianos a partir de 1875, quando a Argentina se tornou meta das ondas de imigração italiana. A partir da metade do século XIX, a Igreja na Argentina sofreu o rancor laico e anticlerical da maçonaria liberal estabelecida no poder, que tendia a identificá-la com a barbárie, à qual contrapunha uma ação de civilidade, eliminando as referências à religião. Muitos abandonaram naquele tempo a prática religiosa.

A situação começou a mudar a partir do início do século XIX, quando se viu a decadência cultural do laicismo devido em grande parte aos fluxos migratórios para os centros urbanos apinhados de massas ligadas ao catolicismo popular. A Igreja se empenhou numa ação minuciosa de catequese e de assistência nas paróquias, nas associações como a Ação Católica, nas associações de pais, nos círculos operários católicos, fundados pelo Padre Federico Grote no início do século XX. Em 1934 aconteceu em Buenos Aires o Congresso Eucarístico Internacional, presidido pelo secretário de Estado, o Cardeal Eugenio Pacelli, que seria eleito papa em 1939. Uma enorme multidão participou da missa no monumento aos espanhóis. Foi um evento que marcou o renascimento da religiosidade popular.

Em 31 de julho de 1973, o Padre Jorge Mario Bergoglio foi eleito provincial dos jesuítas na Argentina e ocupou o cargo até 1979. Em 1973 decidiu que a Companhia deixaria a direção da Universidade do Salvador, em Buenos Aires.

Depois de seis anos como provincial, voltou a trabalhar no campo universitário. Entre 1980 e 1986 foi novamente reitor do Colégio Máximo e primeiro pároco de uma nova paróquia em São Miguel, a uns 30 quilômetros da capital federal, dedicada a São José, do qual sempre foi muito devoto. Em março de 1986 foi à Alemanha e frequentou por pouco tempo o prestigioso centro de estudos Sankt Goegen de Frankfurt e o arquivo Guardini, em Mônaco, para aprofundar seu pensamento principalmente com relação a sua obra filosófica: *Der Gegensatz* [Os opostos em tensão]. Quando voltou, foi enviado ao Colégio do Salvador de Buenos Aires e sucessivamente à Igreja da Companhia, em Córdoba, como diretor espiritual e confessor.

O Padre Ignacio Pérez del Viso[3] resume a missão dos jesuítas assim: "Somos 16.000 no mundo e pensamos que nossa missão não consiste em erguer muros, mas em construir pontes". E se refere ao livro de Santo Ignácio, os *Exercícios Espirituais*, que indica o caminho de todo jesuíta. A estudiosa Maria Clara Lucchetti Bingermer,[4] teóloga brasileira e colaboradora prestigiosa da revista *Concilium*, sustenta que Bergoglio está marcado em sua espiritualidade e em seu modo de ser por essa obra. Ela observa:

> É uma espiritualidade cristocêntrica e essencialmente missionária que se baseia no discernimento dos espíritos para buscar e encontrar a vontade de Deus com o fim de colocá-la em prática na vida de cada dia. Uma espiritualidade que conduz os afetos e a vontade na direção do desejo de Deus, ensina a tomar decisões com plena liberdade sem ser pressionado pelos apegos desordenados. Uma espiritualidade que acredita que o espírito deve ser exercitado como o corpo com o fim de encontrar agilidade e flexibilidade para responder aos desígnios divinos, apelando para a liberdade para que esta nos deixe ir na direção que leva mais ao louvor e ao serviço de Nosso Senhor.

A estudiosa prossegue:

> A espiritualidade ignaciana tenta fazer daquele que passa pela experiência dos *Exercícios Espirituais* um outro Cristo, capaz de andar pelo

---

[3] *Clarin*, 17 mar. de 2013.

[4] No artigo publicado em *Testemunho de fé*, 17 mar. 2013, p. 10.

mundo com os comportamentos e modos de agir do próprio Jesus, pobre e humilde, que passou a vida fazendo o bem a todos, principalmente aos oprimidos e necessitados. Por isto a espiritualidade ignaciana obriga o praticante à contemplação incessante de Jesus, nos mistérios de sua infância, na vida oculta, na vida pública, na paixão, morte e ressurreição. O desejo de Ignácio é que o praticante seja totalmente imbuído e modelado pela pessoa de Jesus a fim de que todos os seus sentimentos, ações e decisões sejam impregnados pelo espírito do próprio Jesus, pela consequente obediência de sua pessoa, fazendo a vontade do Pai.

Além disso a espiritualidade ignaciana ensina a quem a vivencia a pensar grande, a desejar grande, a ter grandes sonhos, tendo como fim a glória de Deus. Por isso, na hora de assumir uma missão ou um trabalho pastoral, o critério é se esse conduz ao MAGIS (mais), ou seja, ao bem mais universal que é necessariamente mais divino. Ao mesmo tempo, se deve posicionar diante deste MAGIS com absoluta liberdade, não desejando nada que não seja o cumprimento da vontade de Deus e que o seu Reino cresça neste mundo.

Bergoglio se formou segundo o esquema clássico da Companhia: estudos humanísticos com o ensino do latim. Aprendeu grego com o grande teólogo Juan Carlos Scannone, uma celebridade no campo da filosofia e da teologia, tanto que é considerado um dos máximos expoentes da Teologia da Libertação na Argentina. Bergoglio era um estudante acima da média, mas não estava entre os mais brilhantes. O método clássico compreendia o estudo da filosofia, ao qual seguia um período de intervalo, passando-se para uma vida ativa de ensino. Talvez seja surpreendente que ele tenha sido professor de literatura. No entanto, a literatura fazia parte da formação básica dos jesuítas. Scannone relata: "Nós, jesuítas, sempre tivemos esta característica. No início, nos colégios da Companhia, havia obras de teatro, muitas vezes em latim. Historicamente sempre se deu muita importância aos estudos humanísticos".

Mais tarde se prosseguia com o estudo da teologia sob a forma de tese, toda em latim. Bergoglio teve alguns professores de padrão conservador, mas outros que eram discípulos de Malevez a Eegenhoven (Louvain), de Lonergan e Orbe na Gregoriana ou no Instituto Bíblico de Roma, que circulavam bem na teologia pós-conciliar. Scannone, por exemplo, nutria grande estima por Bergoglio e o escolheu como diretor espiritual, embora fosse alguns anos mais velho do que ele.

CAPÍTULO II

IGREJA E PERONISMO

O general Juan Domingo Perón participou do golpe de estado que em 1943 pôs fim ao governo de Ramón Castillo, e se tornou vice-presidente, Ministro da Guerra e do Trabalho da Junta Militar. Preparou uma série de reformas sociais que lhe deram enorme popularidade, principalmente entre os setores populares recentemente urbanizados (os *descamisados*). Em 1946, como líder de um movimento heterogêneo, foi eleito presidente da república, criando um regime populista, no qual teria um notável papel sua mulher Evita, uma atriz com quem Juan Domingo tinha se casado em 1945. Evita se tornou sua estreita colaboradora, encarregando-se de numerosas tarefas assistenciais. Administrou de fato o Ministério do Trabalho e da Saúde, ligando-se aos sindicatos. Sua morte prematura representou um grave luto nacional.

Os planos assistencialistas e a descarada demagogia de muitas decisões econômicas levaram o país à crise, pois não podia mais contar com as receitas das exportações de alimentos dos anos da guerra. Diante do desastre econômico e do temor de que o movimento peronista se radicalizasse no sentido socialista, em 1955 os militares o derrubaram. Perón se exilou na Espanha, de onde voltou em 1973, depois do sucesso eleitoral do dirigente peronista Héctor José Cámpora. Foi reeleito presidente e tentou mediar o conflito entre a esquerda peronista com metas revolucionárias e o partido justicialista que tinha posições conservadoras em sintonia com os militares.

Morreu em Buenos Aires em 1º de julho de 1974. Sua segunda mulher, Isabelita, o sucedeu.

O peronismo dos anos 1970 era uma mistura de vários sentimentos e de diferentes tendências. Havia a tendência conciliadora da Confederação Geral do Trabalho e do movimento justicialista oficial, dispostos a tratar com os militares; havia a tendência autonomista, profundamente nacionalista e regionalista; também, a tendência de esquerda, que se responsabilizava pelas reivindicações dos trabalhadores, muito próxima dos sacerdotes do terceiro mundo; enfim, havia a tendência representada pelos militantes de extrema esquerda, os guerrilheiros, que entendiam o peronismo como revolução armada.

A história da Argentina, desde o nascimento da República, foi uma luta contínua entre uma oligarquia rica minoritária e uma maioria popular composta de índios, *gauchos*, imigrantes, operários, a qual era explorada e submissa. As massas populares chegaram ao poder pela primeira vez com Juan Manuel de Rosas, que lutou para libertar o país do domínio político-econômico dos ingleses e franceses e para dar autonomia às províncias do interior. Rosas fundou um movimento nacional federalista. Morreu no exílio.

A segunda tentativa de libertação e de governo popular teve como *líder*, de 1916 a 1930, Hipolito Yrigoyen, que fundou o radicalismo, um movimento popular que retomou as ideias de Rosas. Os militares e a oligarquia o depuseram e o desterraram.

De 1945 a 1955 as massas populares, que a oligarquia com desdém chamava de *aluvião zoológico*, com a classe operária em seu começo encontraram seu *caudillo* em Juan Domingo Perón. Seu lema era claro: *independência econômica, soberania política, justiça social*. O movimento se chamou "justicialismo" e foi duramente atacado pelos Estados Unidos e pela hierarquia católica. Também se opunha a esse movimento parte da sociedade argentina, e, assim, foi progressivamente se decompondo. No fim, Perón foi exilado.

O governo de Perón foi, sem dúvida, um governo popular que lutou contra o imperialismo e as oligarquias locais. Organizou os operários num sindicato forte e coeso, deu-lhes consciência social e política. Foram muitas as leis sociais e as nacionalizações; foi dado o direito de voto às mulheres e se reformou a Constituição. O povo atingiu um nível de vida digno.

O governo peronista teve uma estrutura fundamentalmente capitalista. Não transformou em profundidade o sistema da propriedade e não fez a reforma agrária, porque privado de uma ideologia correta e de projetos sensatos. Entrou em crise devido a uma verticalidade exagerada, paternalismo e burocracia.

Não obstante isso tudo e entre mil contradições, o movimento encontrou o caminho para se renovar e se estendeu à classe média, aos intelectuais e aos jovens. O peronismo permaneceu no coração do povo até durante os anos difíceis de Arturo Frondizi (1958-1962), nas ditaduras de Juan Carlos Ongania (1966-1969) e de Alejandro Augustin Lanusse (1971-1973). O povo se rebelou em Córdoba, Mendonza, Tucumán, Rosário.

O peronismo ou "justicialismo" nos anos 1970 foi um *movimento de liberação*, não um partido. Um movimento organizado e bem articulado, a vanguarda da luta anti-imperialista na Argentina. Foi um *movimento nacional* que remetia aos *caudillos* Rosas e Yrigoyen e que se inspirava no cristianismo, como todos os movimentos populares argentinos. Foi um *movimento ideológico* que propunha, em sua segunda fase, a mudança total das estruturas do país e a instauração do socialismo adaptado à Argentina; nada a ver com o socialismo internacional dogmático e burocrático. Foi um *movimento popular* que contagiou a classe operária, inteiramente peronista, sem recorrer à luta de classes e sem pretender ter o monopólio da revolução. As massas populares nas eleições de 11 de março de 1973 confiaram em Perón, o qual se exprimia assim: "O justicialismo era a transformação indispensável num contexto pacífico das formas brutalmente capitalistas para um socialismo nacional e humanista".

Il Regno[1] comentava:

> Na administração de Perón pode-se criticar muitas coisas: a excessiva megalomania, a excessiva verticalidade e disciplina do movimento, o paternalismo e o "culto da personalidade", as restrições impostas à imprensa adversária [...] Porém, tudo isso é marginal diante do fato fundamental que nestes últimos 40 anos jamais o povo esteve no poder como na época de Perón; nunca, como naqueles anos, as classes marginalizadas sentiram ter uma sua "personalidade" e ser nação; jamais como naqueles anos houve liberdade de expressão para as massas que não tinham tido voz nem representatividade pública. Certamente Perón não é um mito, um demagogo ou um populista: é a personificação de um movimento histórico surgido da base e com raízes profundas. Movimento, por outro lado, em contínua e profunda evolução.

A hierarquia católica em 1945 apoiou Perón de forma aberta e pública exatamente porque o *caudillo* se empenhava em defender a escola católica particular e a indissolubilidade do casamento. Quando Perón deixou de ouvir as reivindicações da hierarquia, esta passou para a oposição.

Num esforço de testemunho para com os pobres, para tornar politicamente atual o poder de libertação da mensagem evangélica, entre os temores da Igreja oficial e a tentação sempre renascente de enveredar pelo caminho do integralismo católico de direita, nascia em maio de 1968 o movimento *Sacerdotes para o Terceiro Mundo*, que se seguiu a uma carta assinada por 18 bispos do terceiro mundo em 1967.

---

[1] *Il Regno-attualità* (1973), pp. 177-179.

Eis os princípios programáticos do movimento:[2]

1. Ir ao mundo para encontrar o homem comum e seus problemas (até então muitos grupos de sacerdotes se isolavam em atividades meramente eclesiásticas, que limitavam o próprio contato com os homens a um grupo muito reduzido).

2. Perceber neste mundo uma clara divisão dos homens entre opressores e oprimidos e lutar para superar este estado de exploração e opressão que reina no mundo, especialmente na Argentina.

3. Escolher a defesa dos explorados, dispostos a enfrentar os riscos resultantes dessa escolha a favor dos pobres e dos oprimidos.

O movimento enviou aos bispos, que um mês mais tarde se reuniriam em Medellín (1968), um lembrete sobre a violência na América Latina. Em abril de 1969, o episcopado argentino se reuniu em San Miguel para adaptar os documentos de Medellín à "realidade atual do país". Resultou um documento de notável importância histórica. Os capítulos sobre a pobreza da Igreja, a justiça e a paz, e principalmente sobre a "pastoral popular", evidenciavam como os bispos foram amadurecendo uma compreensão da situação do país. Podia-se ler expressões como "inserir-se e se encarnar na experiência nacional do povo argentino", "ser fiel ao nosso povo". Dizia-se claramente que "para se inserir e se encarnar na experiência nacional do povo argentino a Igreja deve se aproximar principalmente dos pobres, dos oprimidos e dos explorados".

E, portanto,

> Tomemos consciência de que através de um amplo processo histórico atualmente vigente se estabeleceu em nosso país uma estrutura injusta. A liberação, portanto, deverá ser feita em todos esses setores em que existe opressão: no setor jurídico, político, cultural, econômico e social.

---

[2] Ibid. (set. 1970), pp. 324-326.

O movimento dos sacerdotes *terceiro-mundistas* promoveu um segundo congresso nacional que trouxe à tona como um sério processo de libertação tinha-se iniciado com a intenção de apoiá-lo.

> Nós, homens, cristãos e sacerdotes de Cristo – declaravam –, no cumprimento da missão que ele nos confiou, sentimo-nos solidários com este terceiro mundo e queremos satisfazer suas necessidades.

> Isto implica nossa firme adesão ao processo revolucionário de mudança radical e urgente de suas estruturas, o nosso repúdio formal do sistema capitalista e de sua consequência lógica, que é o imperialismo econômico e cultural, para marchar em busca de um socialismo *original*, que não esteja ligado às fórmulas que derivam da experiência dos países socialistas existentes, mas que inclua necessariamente a socialização dos meios de produção, do poder econômico e político e da cultura, que promova o nascimento de um homem novo.

Em encontros sucessivos, o movimento definiu a sua identidade, reforçando seu caráter sacerdotal, a exigência de uma mudança de mentalidade na Igreja, a identificação do terceiro mundo com os explorados e a proposta de buscar um socialismo *original*.

O governo começou a se preocupar e a agir. O Padre Alberto Carbone, responsável por *Enlace*, a publicação do movimento, foi acusado de ter participado do sequestro do general Pedro Eugenio Aramburu, sendo então preso. A hierarquia católica se expressou com frieza com relação ao sacerdote aprisionado. O documento do episcopado deixava transparecer que iniciava uma campanha contra os padres "subversivos da ordem", "pregadores da violência", "agentes mais ou menos ingênuos das potências estrangeiras", "rebeldes com relação às autoridades".

Foram tempos duros para os padres *terceiro-mundistas*. No fim de setembro de 1971, durante uma manifestação em Rosário a favor de um sacerdote posto na prisão por motivos políticos, foram detidos

49 sacerdotes, quase todos *terceiro-mundistas*. Alguns bispos intervieram e os padres foram soltos dois dias depois.

Foi firme a condenação do Bispo Angelelli: "Não se pode construir uma sociedade nova com mentiras e torturas".

Angelelli denunciou o fato como "um ulterior sinal de que se deseja intimidar e fazer calar a Igreja, quando esta deseja permanecer fiel à missão que lhe foi confiada por Cristo".

Os próprios bispos argentinos, embora cautelosos nas questões sociais e políticas, reconheceram que o país vivia uma "situação dramática". Num documento de 6 de agosto de 1971, denunciavam "as graves circunstâncias de injustiça existentes, bem como a permanência de estruturas e desequilíbrios que marginalizavam vastos setores populares da vida nacional". Pediam a todos que lutassem energicamente, mas sem ódio, contra as situações de injustiça e se promovesse de maneira construtiva tudo que pudesse contribuir para o desenvolvimento integral dos habitantes do país. Foram presos outros quatro sacerdotes terceiro-mundistas. Feita a denúncia assinada por 65 padres de várias dioceses. Condenava-se a campanha intimidante e repressiva contra os membros da Igreja com a intenção de tornar ineficaz a linha evangélica ratificada pelo Concílio Vaticano II, pela Conferência de Medellín (1968) e pelo Documento de São Miguel (1969). Pedia-se a intervenção corajosa dos bispos considerados demasiado medrosos, senão até coniventes com o poder e surdos diante das injustiças.

Parecia claro que em sua grande maioria o episcopado argentino nos anos 1970 era contrário ao movimento. Não eram poucos os bispos que davam a entender que, se os sacerdotes não mudassem de rota, seriam tomadas medidas drásticas com relação a eles.

Em 1972 a assembleia plenária da Conferência Episcopal, com a presença de 75 religiosos, entre cardeais, arcebispos e bispos, saiu a campo ainda para condenar a atividade política dos padres *terceiro-mundistas*, afirmando:

> Ser líder político não faz parte das funções de um padre. A sua missão é religiosa. No exercício desta missão, ele pode contribuir mais amplamente para a estabilização de uma ordem social mais justa, de acordo com o que foi decidido no curso do último Sínodo dos Bispos em Roma. A transformação das estruturas injustas, a criação de homens novos num processo de liberação serão possíveis à medida que nos consagremos à meditação e à prece.

O movimento reagiu de maneira diversa. Alguns membros se declararam propensos a prosseguir o diálogo com a hierarquia, outros, os mais radicais, ameaçaram abandonar o movimento. O bispo de Avellaneda, Monsenhor Antonio Quarracino, tornou pública uma declaração assinada também por padres de sua diocese.

> O povo começou a fazer ouvir sua voz e exige a liberação de toda opressão. O povo é o protagonista fundamental da liberação. Com o povo compartilhamos e seguimos a luta e as esperanças.

Uma conversa com o teólogo Juan Carlos Scannone é sempre agradável e esclarecedora. Embora tenha mais de 80 anos de idade, possui uma lucidez impressionante. Lembra-se de pessoas, acontecimentos, discussões, encontros, publicações, como se estivessem ali diante dele. Falamos de muitas coisas no Colégio Máximo de São Miguel. Obviamente tudo se concentrou na figura de Bergoglio, com o qual esteve em estreito contato, não somente do ponto de vista espiritual, mas também cultural e científico. Segundo Scannone,

> o modo de se fazer teologia na Argentina é devido em grande parte ao clima cultural criado pelo peronismo. No plano político, o peronismo dava muita importância aos trabalhadores, os famosos *descamisados*, isto é, aquelas massas operárias que afluíam do interior do país para

Buenos Aires. Na concepção peronista é o povo, não a classe, que tem grande importância. O povo é entendido e visto como categoria; é pensado a partir da unidade e não do conflito, como no marxismo. A *teologia del pueblo* nasceu na Argentina e alguns, como Gustavo Gutiérrez e eu mesmo, a consideramos "uma corrente com características próprias dentro da Teologia da Libertação", embora outros a distingam daquela. Parte-se da unidade do povo para resolver os conflitos, não da luta de classes. No marxismo a unidade vem somente no fim, na sociedade sem classes. É curioso que Bergoglio tenha ido para a Alemanha a fim de aprofundar *os opostos em tensão* no pensamento de Romano Guardini, que estimava muito. O próprio Gustavo Gutiérrez, o fundador da Teologia da Libertação, me confessou um dia que via no peronismo um rastro para todos que lutam pelos pobres fora do marxismo. Gostaria de lembrá-lo de alguns pontos firmes do pensamento de Bergoglio: o todo é mais do que a soma das partes; a unidade vence o conflito; a realidade pesa mais do que as ideias; o tempo prevalece sobre o espaço.

Outro grande teólogo argentino, Carlos María Galli, me confirmou, num encontro na Faculdade de Teologia de Buenos Aires, que Bergoglio nunca se separou e jamais se separará desses quatro axiomas.

CAPÍTULO III

O GOLPE E A DITADURA

Em 24 de março de 1976, os três comandantes das Forças Armadas argentinas decidiram destituir María Estela Martínez de Perón, denominada Isabelita, do governo repressivo e corrupto do qual tinham participado. Os partidos políticos foram interditados, muitos sindicatos suprimidos e todas as liberdades democráticas vilipendiadas. Houve 30 mil (segundo algumas fontes, 50 mil) desaparecidos, presos, mortos, por um regime que "lutava acima do bem e do mal" (Cardeal Paulo Evaristo Arns, então arcebispo de São Paulo, Brasil). Uma situação econômica salva à força, despojando os operários das indenizações ou negando assistência médica. A tenaz e diabólica eliminação dos líderes da oposição: uma ditadura militar que retomava os piores defeitos.

A revista *Il Regno*, n. 10, 1978, deu voz a Abel Fuentes, que escrevia da penitenciária de Córdoba, na véspera do Natal de 1976, um arrepiante diário que percorria as etapas da prisão até a detenção no famigerado campo de concentração "La River", por onde passaram 15 mil prisioneiros. Eram descritas as condições desumanas nas alas e se lembrava ao mundo que, desde o golpe de março a dezembro de 1976, os militares tinham matado 31 detentos na prisão. Cinco mil mortos só em 1976, talvez até mais. Uma séria denúncia foi feita pela Anistia Internacional e pela Comissão Interamericana para os Direitos Humanos (CIDH), encarregada pela Organização dos Estados Americanos (OSA) de efetuar uma investigação na Argentina. No relatório de 294 páginas, publicado em 11 de abril de 1980, contendo as conclusões da investigação, se denunciava que nos últimos cinco anos

> a tortura foi usada pelas autoridades públicas como prática sistemática. Em geral os métodos, sua extensão para todo o país, o grande número de casos denunciados e a transferência dos detentos levam a concluir que sem dúvida estas práticas não eram ignoradas pelas pessoas que detinham as mais elevadas responsabilidades no seio do governo e nas Forças Armadas (Relatório, p. 237).

O fenômeno dos *desaparecidos*, insistentemente denunciado pelas *Mães da Praça de Maio*, constituiu um crime contra a humanidade, como sustentado pela Comissão Internacional de Juristas (CIJ), por ser um atentado contra diversos direitos: direito à vida, direito de ser protegido contra torturas e detenção arbitrária, direito de defesa.

Nesse clima se insere o livro de Emilio F. Mignone: *Igreja e ditadura* (1986), sobre a ação da Igreja argentina à luz de suas relações com o regime militar. O livro parte do sequestro, em Buenos Aires, da filha Monica, em 14 de maio de 1976, às cinco horas da manhã, efetuado por um grupo de homens armados da Marinha. Ela tinha 24 anos e era bastante engajada na paróquia.

Muito se tem discutido, e ainda se discute, sobre a relação entre a hierarquia católica e a ditadura militar. Pode-se dividir a hierarquia da época em quatro grupos:

1. Bispos com voz profética: Novak de Quilmes, Angelelli de La Rioja, Hesayne de Viedma, De Nevares de Neuquén, Devoto de Goya, Zazpe de Santa Fe, Ponce de Léon de San Nicolás, Brasca e Casaretto de Rafaela, Pironio de Mar del Prata.

2. Bispos não ligados à ditadura militar, muito engajados na vida cotidiana a favor dos perseguidos: Gottau de Anatuya, Marengo de Azul, Moure de Comodoro Rivadavia, Scozzina de Formosa, Raspanti e Laguna de Morón, Iriarte de Reconquista.

3. Bispos que acreditavam na honestidade da hierarquia militar e que de algum modo apoiaram a ditadura: Adolfo Tortolo, Victorio Bonamín, José M. Medina, Antonio Plaza, Ildefonso Maria Sansierra.

4. Bispos que dialogavam com as autoridades militares sem dar sinais proféticos (bispos do silêncio): Cardeal Raúl Primatesta, Cardeal Juan Carlos Aramburu e outros.

Passemos a uma descrição de alguns desses personagens.

- Monsenhor Adolfo Tortolo era naquele tempo o arcebispo do Paraná, vigário das Forças Armadas e presidente da Conferência Episcopal Argentina. Conhecia bem o presidente general Videla. O golpe de estado de 24 de março de 1976 não o surpreendeu porque tinha conhecimento dos planos. Em 14 de outubro, quando pessoas desapareciam num ritmo contínuo, declarava que não tinha informações exatas de que os direitos humanos estivessem sendo violados. Nas assembleias da Conferência Episcopal defendeu a tortura com argumentos tirados de teólogos e pontífices medievais. Morreu em 1º de abril de 1986.

- Monsenhor Victorio Bonamín foi vigário castrense: um salesiano com dois metros de altura e mais de cem quilos de peso. Para ele, as Forças Armadas constituíam a defesa da civilização ocidental e cristã e, por isso, era legítimo que recorressem a quaisquer meios para combater o inimigo.

- Monsenhor José Miguel Medina, vigário castrense, era obcecado pelo marxismo. Não perdia ocasião de criticar as organizações de direitos humanos e dos familiares de detentos ou *desaparecidos* e até a Anistia Internacional. Sustentava a legitimidade da tortura. Em abril de 1982, disse: "Algumas vezes a repressão física é necessária, é obrigatória e, como tal, lícita".

Dentre todos os membros do episcopado, quem mais se destacou na defesa e legitimidade da ditadura militar e dos seus métodos repressivos foi Monsenhor Antonio José Plaza, que até 1986 foi arcebispo de La Plata. Visitava as prisões clandestinas onde se torturava e fuzilava e não providenciava confortos religiosos para os prisioneiros. Em 1982, durante uma reunião da Conferência Episcopal (19-24 de abril), Monsenhor Plaza foi destituído e se retirou em absoluto silêncio.

- Também Monsenhor Ildefonso María Sansierra, arcebispo de San Juan, foi um dos bispos mais reacionários de todo o episcopado argentino. Afirmava que "os direitos humanos são respeitados na Argentina" e que em caso de guerra "é legítimo torturar, assassinar prisioneiros, roubar, violentar mulheres".[1]

A cúpula do episcopado argentino foi informada dos planos para derrubar o regime constitucional de Isabelita Perón. No mesmo dia do golpe, em 24 de março, a Junta Militar manteve uma longa conversa com Monsenhor Tortolo, arcebispo do Paraná e presidente da Conferência Episcopal.

Tanto Monsenhor Tortolo quanto os cardeais Aramburu e Primatesta, que faziam parte do Comitê Executivo da Conferência, fecharam as portas para as famílias das vítimas. A primeira carta pastoral da Conferência Episcopal foi conhecida em 15 de maio de 1976. Reconhecia a ilegitimidade dos sequestros e dos assassinos, mas mantinha muita ambiguidade quanto aos responsáveis.[2]

Em 9 de agosto de 1976, o Padre Leonardo Cappelluti, dehoniano, presidente da Conferência dos Religiosos, e o secretário Padre Víctor Rubio, jesuíta (mais tarde exonerado do cargo), enviaram ao Cardeal Primatesta, presidente da Conferência Episcopal, a seguinte

---

[1] Mignone, E. F. *Igreja e ditadura*; o papel da Igreja à luz de suas relações com o regime militar. Argentina/Buenos Aires: Ediciones del pensamento nacional, 2006, p. 127. Mignone retoma a citação do documento como "O diário do juízo" e "Nunca mais", 1985.

[2] Carta pastoral da Conferência Episcopal Argentina. In: *Documentos do Episcopado Argentino 1965-1981*. Buenos Aires: Editorial Claretiana, 1982, pp. 285-289.

carta, cujo texto me foi entregue pelo próprio Cappelluti em 8 de abril de 2013 na Casa Provincial dos dehonianos, em Buenos Aires:

> Recentemente, nós, membros da junta diretora da CAR (Conferência Argentina dos Religiosos), conversamos com numerosos superiores provinciais, com os quais tivemos a oportunidade de trocar informações e opiniões sobre a série de fatos dolorosos que estão acontecendo em nossa pátria. Além disso, é preciso dizer que a inquietação geral de muitos espíritos quanto ao que está acontecendo no país é também dos provinciais, cujas consciências foram profundamente atingidas. Tanto que nos recomendaram manifestar e aos nossos pastores, com humildade e simplicidade, mas com ânimo sincero e firme, estas preocupações, que são nossas também. É certo confessar que as diversas manifestações episcopais e, principalmente, as medidas tomadas nessas circunstâncias pela Comissão Executiva da Conferência Episcopal não só aliviaram nosso espírito, mas nos proporcionaram confiança de podermos nos dirigir a Vossa Eminência, como presidente da Conferência, e aos outros senhores, com a certeza de encontrar eco para nossas inquietações. Em primeiro lugar gostaríamos de fazer conhecida nossa interpretação da situação em geral vivida na república como resultante da prolongada violência à qual a população é submetida. É indubitável que o nosso povo está sentindo intensamente a falta de segurança e que está dominado pelo medo gerado pela ação dos grupos armados que operam impunemente. Um sentimento generalizado, que conecta estes grupos com os órgãos de segurança, e seria lamentável que as expectativas de ordem, de paz e de direito colocadas no governo surgido em 24 de março se transformassem em desconfiança, descrédito e, no fim, levassem à perda de prestígio das Forças Armadas, que se encarregaram da reorganização do país. A gravidade deste fato não foge à Vossa Eminência, como também as consequências imprevisíveis que, se produzidas, afetariam a nação.
>
> Por outro lado, observamos como prossegue a escalada contra a Igreja e, principalmente, contra alguns setores da mesma. E assim, com relação a tantos catequistas e centros de catequese se pretende descobrir um agente ou foco de irradiação marxista.[3] Pelo mesmo motivo, os

---

[3] Os *Montoneros* eram o principal grupo guerrilheiro que surgiu nos anos 1960 como membro da juventude peronista: jovens católicos pós-conciliais e pertencentes a ou-

grupos de jovens orientados pelos sacerdotes, religiosos ou religiosas, aparecem como perigosos. *Colégios católicos, por sua vez, são suspeitos de divulgar doutrinas estranhas aos princípios e até mesmo obrigados a entregar às autoridades militares – não educacionais – as listas* de seu pessoal, informações sobre as atividades especiais com os alunos e o material de ensino catequético, inclusive a indicação das edições da Bíblia em uso nos mesmos locais.

Fica claro que somente aos bispos compete julgar a formação cristã proporcionada pelos agentes da Igreja, sejam eles sacerdotes, religiosos ou laicos.

---

tros grupos menores. O nome deriva das "Montoneras" (grupos militares irregulares) dos *caudillos* do século XIX, que pegaram em armas por um governo nacionalista, anti-imperialista e federal. O chefe dos *Montoneros*, Mario Firmenich, provinha dos setores da juventude católica de esquerda: os que se politizaram aderindo ao peronismo revolucionário. Durante a ditadura do general Juan Carlos Ongania, influenciados também pela revolução cubana e pela experiência do sacerdote Camilo Torres, estes grupos peronistas de esquerda iniciaram um estratégia de guerra de "guerrilhas".

Uma das primeiras ações dos *Montoneros* foi o sequestro, a condenação e a execução, em 1970, do general Pedro Eugenio Aramburu, ex-presidente do país, e um daqueles que tinham destituído Perón em 1955. Em 1973, assassinaram José Rucci, secretário-geral da Confederação Geral dos Trabalhadores (CGT) e amigo de Perón. Foi aí que se iniciou o distanciamento de Perón, que num primeiro momento os tinha apoiado. Os *Montoneros* tinham lutado pela volta de Perón. Eram nacionalistas, não marxistas, buscavam um socialismo autóctone com alguns elementos do marxismo latino-americano de Fidel Castro e Che Guevara. Em 1º de maio de 1974, o general Perón rompeu com eles e os expulsou da Praça de Maio. Foi depois da morte de Perón (12 de junho de 1974) que os *Montoneros* passaram para a clandestinidade, divergindo do governo peronista, que se voltava para a direita mais descarada com Isabelita, a mulher de Perón, e seu secretário e ministro José López Rega. Eles criaram tropas armadas para combater os *Montoneros*: a tríplice A (AAA – Aliança Anticomunista Argentina). Foram eles que também mataram o Padre Carlos Mugica, do Movimento dos Sacerdotes para o Terceiro Mundo, acusado falsamente de ser *Montonero* e guerrilheiro. Ver o interessante e bem documentado livro: DE BIASE, M. *Entre dois fogos;* vida e assassinato do padre Mugica. 2. ed. Buenos Aires: Editora Patria Grande, 2009. O padre Mugica foi assassinado por Rodolfo Eduardo Almirón Sena, chefe operacional da tríplice A. Iniciou-se uma época de terror de ambas as partes. Com a chegada dos militares ao governo (24 de março de 1976), os *Montoneros*, sem expressão política e com as forças reduzidas por uma terrível repressão, terminaram sua existência no início dos anos 1980. O Exército do Povo (ERP) foi outro grupo guerrilheiro importante que surgiu nos anos 1970. Foram eles que assassinaram, em 1973, Oberdan Sallustro, um empresário italiano, que tinham sequestrado. Eram de inspiração trotskista, sem nenhuma ligação com o peronismo, que desprezavam como burguês.

De outro ponto de vista, temos a obrigação de recordar a atividade generalizada e praticada exatamente pelos jovens engajados em atividades políticas, subversivas ou não, como se tais jovens fossem por isso irrecuperáveis para a sociedade. Constatamos que torturas, desaparecimentos e mortos correspondem a uma filosofia que nada tem ver com a visão cristã da vida e do mundo. Visão pela qual nós, argentinos, nos regeneramos desde os anos de nossa reorganização nacional.

Estamos convencidos de que os fiéis cristãos se sentirão bastante confortados conhecendo os esforços realizados pela defesa da vida e a favor do direito. A sensibilidade que os anima, de fato, leva-os a não admitir que a defesa da ordem e da paz social possa ser atingida à margem da lei ou na obscuridade a que se sujeita o conhecimento público, isto é, os procedimentos das forças de segurança.

Senhor cardeal, se o que foi dito corresponde ao panorama argentino de nossos dias, é necessário que nós, cristãos, esclareçamos nossas ideias; e é necessário que aqueles que são responsáveis perante o povo de Deus emitam sinais corretos que ajudem a discernir os caminhos do Senhor. O povo necessita de ajuda para esclarecer com a fé esta situação demasiado confusa na qual se vê imerso contra sua vontade.

Por este motivo enfatizamos a importância que teria nesta situação difícil a voz do episcopado inteiro para a opinião pública nacional.

Para terminar, desejamos exprimir, à Vossa Eminência e aos senhores bispos, a nossa vontade de colaborar com o trabalho que nos está reservado na Igreja.

Três dias depois, a resposta. Um chamado do Cardeal Primatesta para a simplicidade das pombas e a prudência das serpentes, acentuando a preocupação pastoral pelo bem do povo. A alfinetada foi forte e descarada: "Convencidos de que há um *tempus loquenti* e um *tempus tacendi*", um tempo para falar e um tempo para se calar. É como dizer: ajustemos (ou pelo menos tentemos ajustar) a nossa conduta na busca efetiva do bem maior do povo fiel.

Depois de anos, o Padre Cappelluti, com 80 anos vividos com dignidade e frescor – ótimo teólogo e escritor –, ruge de indignação.

Em 14 de março de 1978, o Cardeal Primatesta, presidente da Conferência Episcopal, envia uma carta ao general Videla manifestando não só sua preocupação mas a de todos os bispos com respeito ao destino dos prisioneiros políticos e dos *desaparecidos*.[4] Não querendo erigir-se juiz, nem pretendendo ensinar à Junta o caminho para resolver os problemas, o cardeal certamente não tem a voz dos profetas. Limita-se a pedir a Videla que continue a ter consideração pelo episcopado, que, por sua vez, lhe pede para responder pelas ações da Junta para a reorganização nacional. Videla é um cínico descarado. E Primatesta o conhece bem.

A partir dos anos 1970, as Forças Armadas argentinas passam a persegir os setores progressistas da Igreja Católica, considerando-os subversivos. Os Bispos Jaime de Nevares, Enrique Angelelli e Alberto Devoto são considerados inimigos da pátria e se tornam objeto de contínuos ataques.

Em 1974, inicia-se uma sangrenta perseguição religiosa contra a Igreja, como nunca antes se tinha visto na Argentina. Até o golpe de 24 de março de 1976, os crimes aparecem marcados pela tríplice A: Aliança Anticomunista Argentina.

Entre 1974 e 1983 – segundo a pesquisa de Mignone – foram assassinados, ou desapareceram, 16 sacerdotes católicos. Talvez 17, segundo outra fonte. Seus nomes: Carlos Francisco Mugica, Carlos Dorniak, Nelio Rougier, Miguel Angel Urusa Nicolau, Francisco Soares, Pedro Fourcade, Pedro Duffau, Alfredo Kelly, Alfredo Leaden, Gabriel Longueville, Carlos de Dios Murias, Héctor Federico Baccini, Pablo Gazzari, Carlos Armando Bustos, Mauricio Silva Iribarnegaray, Jorge Adur.

Devem ser acrescentados Enrique Angel Angelelli, bispo de La Rioja, e Carlos Horacio Ponce de Léon, bispo de San Nicolás de Los Arroyos, vítimas de incidentes armados pelas Forças Armadas, respectivamente em 4 de agosto de 1976 e 11 de julho de 1977.

---

[4] Carta do presidente da Conferência Episcopal Argentina ao presidente Videla. In: *Documentos do Episcopado Argentino 1965*, pp. 316-317.

A Igreja de La Rioja começou a se distinguir entre as outras dioceses com a chegada do Bispo Enrique Angel Angelelli, um sacerdote de Cordoba, nascido em 1923. Tinha feito os seus estudos no Collegio Pio Latino-americano de Roma e fora ordenado em 1949. Ativo como assistente na JOC (Juventude Operária Cristã) e na Ação Católica. Bispo auxiliar em 1960 e residencial de La Rioja em 1968. Em sua primeira mensagem disse: "Tenho um ouvido no Evangelho e o outro no povo". Identificou-se com as tradições do povo riojano, e ocupou-se principalmente com os pobres. Colocou em prática as indicações pós-conciliais com coragem e obstinação. Foi, sem dúvida, uma figura carismática e revitalizou a diocese. Reorganizou as cooperativas agrárias. Quando começou a aborrecer os latifundiários, fez-se de tudo para removê-lo e afastá-lo. A diocese de La Rioja caiu na mira das Forças Armadas, aliadas dos proprietários. Foram mortos alguns sacerdotes. Monsenhor Angelelli escreveu ao núncio dizendo-lhe que tinha chegado a sua hora.

Em 4 de agosto voltava de Chamical para La Rioja com as provas do desaparecimento, tortura e assassinato dos sacerdotes Gabriel Longueville e Carlos de Dios Murias e do leigo Wenceslao Pedernera. Chegando a Punta de los Llanos, um automóvel branco obrigou-o a fazer uma manobra brusca. O veículo se desgovernou. O sacerdote que viajava com ele perdeu os sentidos. Angelelli morreu com os braços cruzados e o crânio despedaçado mais adiante. Muitos anos mais tarde se virá a saber (2012) que o acidente foi provocado e que o bispo foi deliberadamente morto. Assistiram ao funeral o Núncio Laghi e dez bispos. Tratou-se de um assassinato, como diria mais tarde, em Roma, o Cardeal Eduardo Francisco Pironio ao teólogo argentino José Miguez Bonino. A Santa Sé tinha certeza, mas a Conferência Episcopal não disse uma palavra.

Em 2 de agosto de 1986 o bispo de La Rioja, Monsenhor Bernardo Enrique Witte, declarou ter chegado o momento de se investigar a vida, a obra, as virtudes e a "fama de santidade ou de martírio" de seu predecessor Enrique Angelelli. Foi constituída uma comissão diocesana composta de teólogos, juristas, elementos pastorais, padres e laicos. "Sem dúvida, foi um verdadeiro pastor e profeta na tempestade. Foi sinal de contradição, segundo o Evangelho."

Em 11 de julho de 1977, morria o bispo de San Nicolás de los Arroyos, Carlos Horacio Ponce de Léon, num estranho acidente de carro. Ele estava indo para Buenos Aires com seu colaborador Victor Martínez e levava uma vasta documentação a ser entregue na nunciatura que dizia respeito aos sequestros e torturas de seus diocesanos. O tenente coronel Manuel Saint Amant o tinha avisado: "Tenha cuidado, você é considerado um bispo vermelho". O mesmo chefe militar o tinha proibido de celebrar a missa para os soldados: "Aqui não entram padres comunistas".

CAPÍTULO IV

O CASO YORIO–JALICS

Também no governo de Isabelita houve sequestros e desaparecimentos nos bairros dos pobres. Já antes do golpe de Estado de 24 de março de 1976, na igreja de Santa Maria Mãe do Povo, o pároco Rodolfo Ricciardelli, uma das figuras mais carismáticas do Movimento dos Padres *terceiro-mundistas*, juntamente com os sacerdotes Jorge Venazza e Carlos Mugica, advertia quanto ao perigo de continuar a trabalhar nos monoblocos do bairro Rivadavia, ao sul de Flores. O perigo não dizia respeito somente aos padres, mas também às pessoas que estavam em contato com eles. No bairro de Rivadavia atuavam militantes de setores diversos. Entre eles havia os sacerdotes da Companhia de Jesus Orlando Yorio e Jorge Jalics. Bergoglio tinha conhecido Yorio no início dos anos 1960 no Colégio Máximo. Foi seu professor durante os dois anos de teologia. Jalics o conheceu no mesmo lugar e na mesma época.

Bergoglio não compartilhava de suas posições e suas atividades. Tinha se distanciado de ambos já há tempos. O superior provincial designado em 1973, o jovem Jorge Bergoglio, de 36 anos, não concordava que os jesuítas se comprometessem com questões políticas, sobretudo naquele tempo, em que era grande o perigo ao qual se expunham. Ambos os jesuítas – também havia outros – tinham se direcionado para os pobres com atividades pastorais que possuíam um escopo bem preciso. Viviam no bairro Rivadavia e eram muito ativos com os militantes do *peronismo de base* (PB). No momento do golpe de estado de 24 de março ambos, juntamente com o Padre

Luis Dourron, não possuíam mais as autorizações necessárias para exercer o ministério. A Companhia de Jesus – como escreveu Marcello Larraquy[1] – tinha decidido dissolver a comunidade do bairro Rivadavia, porém aceitava que continuassem a celebrar a missa até que tivessem entrado noutra congregação ou fossem incardinados em alguma diocese. Jalics e Yorio não ficaram animados com a solução, ao contrário, a criticavam. No Colégio Máximo houve discussões com Bergoglio durante um ano inteiro. Como testemunhou o próprio Bergoglio, numa audiência em 2010, ambos pediram para sair da Companhia e o pedido foi enviado a Roma. Yorio e Dourron conseguiram sair da Companhia em 19 de março de 1976. Jalics escolheu ficar. Dourron se incardinou na diocese de Morón, dirigida pelo Bispo Miguel Raspanti, enquanto Yorio ficou à espera. Bergoglio declarou na audiência: "Eu lhes ofereci que vivessem na cúria provincial junto comigo, os dois mais o Dourron".

De 11 a 23 de março de 1976, grupos ligados às Forças Armadas invadiram as casas dos militantes e dos habitantes do bairro Rivadavia e do sul de Flores. Monica Mignone, a filha do autor do livro *Igreja e ditadura*, foi sequestrada. Também foram sequestrados os jesuítas Yorio e Jalics, que tinham contato com o *peronismo de base* (PB). Mignone menciona Bergoglio:

> Uma semana antes da detenção o Arcebispo Aramburu tinha-lhes retirado as licenças ministeriais sem razão nem explicação. De expressões diferentes escutadas de Yorio em sua prisão, resulta claro que a aliança interpretou tal decisão e, possivelmente, algumas manifestações críticas de seu provincial, o jesuíta Jorge Bergoglio, como uma autorização para proceder contra ele. Sem dúvida, os militares tinham avisado ambos do suposto perigo.[2]

---

[1] *Clarin*, 17 mar. 2013.

[2] MIGNONE, E. F. *Igreja e ditadura*, p. 174.

"A minha primeira sensação" – relatará Bergoglio – "é de que os teriam libertado imediatamente, porque não havia nenhuma acusação contra eles. Além disso, eu estava convencido de que não fora uma operação para achar somente eles, mas uma batida policial na qual foram pegos".[3] Os militares sequestraram os dois jesuítas porque eram próximos a um grupo de jovens laicos, que tinham sido sequestrados dias antes, e porque pretendiam fazer tábua rasa na Igreja dos padres *terceiro-mundistas* que consideravam comunistas, como demonstraram os assassinatos dos padres palotinos da paróquia de São Patrício, no bairro de Belgrano, e de outros no mesmo ano. Mignone foi por muito tempo bastante crítico com relação a Bergoglio, que tentou se aproximar e falar com ele. A amiga de Bergoglio, Alicia de Oliveira, do Centro de Estudos Legais e Sociais (CELS), conseguiu fazer isso. O encontro foi em Buenos Aires, no Colégio São Salvador.

Horacio Verbitsky, em sua *História política da Igreja católica* (v. III), criticou vigorosamente a atitude de Bergoglio, que em sua opinião tinha se proposto a limpar a Companhia dos "jesuítas esquerdistas". Oliveira o defendeu: "É um infâmia pensar que os tenha entregado. Ao contrário, ele os tinha avisado".

Depois de quase seis meses do sequestro, Yorio e Jalics apareceram em outubro num campo em Cañuelas. Estavam completamente nus. Yorio chamou Bergoglio e o informou da libertação. Tinham estado na escola mecânica da aliança junto com outros detentos e, depois, sido transferidos para um local que não conseguiam especificar. Bergoglio se esforçou para que o secretário da nunciatura ajudasse Yorio a obter a autorização para se incardinar na diocese de Quilmes. Depois Yorio foi enviado a Roma para estudar direito canônico. Jalics foi para os Estados Unidos onde morava sua mãe. O bispo jesuíta Joaquin Piña, numa entrevista ao *Clarin*, revelou a

---

[3] Bergoglio na audiência de 2010.

conversa com Yorio, que lhe confirmou ter sido sequestrado e torturado. Porém, afirmava que Bergoglio nada tinha a ver com isso, ao contrário, que o tinha avisado do perigo. Todavia, a irmã de Yorio acusou a Companhia de não ter feito nada pelo irmão no início da ditadura. O prêmio Nobel da Paz (1980), Adolfo Maria Pérez Esquivel, disse no dia seguinte à eleição de Bergoglio que "houve bispos que foram cúmplices da ditadura, mas não Bergoglio". Yorio morreu em 2000, em Montevidéu. Trabalhava no Uruguai na paróquia de Santa Bernadete.

Bergoglio manteve relações com Jalics durante anos. Desde 1978, Jalics vive num monastério em Wilhelmsthal, no sul da Alemanha. Tem mais de 80 anos. Em 15 de março de 2013 deu uma declaração muito importante e aguardada:

> Anos depois, tivemos oportunidade de conversar com o Padre Bergoglio sobre tudo que tinha acontecido. Depois, celebramos juntos a missa com as pessoas e nos abraçamos solenemente. Estou reconciliado com os acontecimentos e considero a questão encerrada.

De 1965 a 1983, foi preboste geral da Companhia o basco Pedro Arrupe. Como era o relacionamento com Bergoglio? Responde o teólogo jesuíta Juan Carlos Scannone: "Era muito bom... tanto em público como em particular. Ele falava muito bem do padre geral e de seu governo, o citava, o seguia e punha em prática suas diretivas".

CAPÍTULO V

O NÚNCIO LAGHI

São gravíssimas as acusações que Mignone faz em seu livro à atuação do núncio na Argentina, Monsenhor Pio Laghi. Vale a pena reler a entrevista concedida por Monsenhor Laghi a *Il Regno*.[1]

Acusado pelas Mães da Praça de Maio de ser um dos responsáveis pela repressão na Argentina, de 1976 até seu novo cargo nos Estados Unidos (dezembro de 1980), Monsenhor Pio Laghi se defende:

> É verdade e não sei me justificar. As acusações surgem ciclicamente. E cada vez ficam maiores. Sinto-me impotente para construir e demolir uma matéria de acusação que cresce por si própria. Não é fácil tolerar que, num jornal italiano de grande tiragem, eu seja indicado como "cardeal carniceiro". Sinto-me verdadeiramente extenuado. Tudo começou com um nome que não existia. O meu.

Em 24 de setembro de 1984, foi apresentado o *Rapporto Sábato*, resultado de uma investigação feita pela Comissão Nacional sobre o Desaparecimento de Pessoas na Argentina. Presidida por Ernesto Sábato, a comissão recolheu as acusações dos sobreviventes, familiares e testemunhas, conseguindo reconstruir o desaparecimento de 8.961 pessoas. Também entregou uma lista de 1.351 pessoas de alguma forma envolvidas. Nesta lista, no início, figurava também o nome de Monsenhor Laghi. Mais tarde, Sábato e o presidente argentino, Raúl Ricardo Alfonsín, de comum acordo, o retiraram, julgando inconsistentes as acusações feitas ao núncio. Mas, pouco depois, o nome

---

[1] *Il Regno-attualità 14* (1997), pp. 385-390.

PARA CONHECER O PAPA FRANCISCO

de Laghi reapareceu no semanário *El Periodista de Buenos Aires*.[2] Laghi era acusado, por certo Juan Martín, de tê-lo visitado secretamente numa usina de açúcar em Ingenio Nuova Baviera, na zona de Tucumán, onde o teria abraçado e lhe dado uma Bíblia, garantindo que informaria seus familiares.

> É um encontro que não me lembro de ter tido jamais: não abracei ninguém, não o presenteei com uma Bíblia. É verdade que estive na província de Tucumán, mas numa época diferente daquela indicada por quem me acusa. O alegado encontro teria acontecido em novembro-dezembro de 1977, enquanto a minha viagem foi no fim de junho.

O núncio, convidado pelo Bispo J. Carlos Ferro, visitou a diocese de Concepción, inaugurou novos locais da cúria, encontrou-se com diversos religiosos e presidiu diversas celebrações. Visitou uma usina de refinação de açúcar e conversou com os operários e diretores, com os quais almoçou. Encontrou-se com o general Bussi, governador da província e comandante militar. Foi de helicóptero a Concepción, depois de uma parada numa base operacional do exército anti-ERP (Exército Revolucionário Popular). Conversou com os militares aos quais recomendou que unissem o amor à pátria àquele de Deus e "de seguir não só as ordens dos superiores, mas também os princípios cristãos". Aterrissou na usina de açúcar: "Não me lembro de ter notado nenhum sinal ou indício naquele lugar ou em qualquer parte do enorme edifício que revelasse a presença de guerrilheiros detidos ou mesmo a existência de uma prisão clandestina. Não sei dizer se mais tarde esse edifício serviu de prisão".

Na viagem de volta, o núncio se encontrou de novo com o general Bussi, com todo o seu estado maior. Foi convidado a usar da palavra:

---

[2] 3-9 de novembro de 1984.

Aquela era uma oportunidade também para esclarecer alguns conceitos sobre o papel da Igreja diante do fenômeno da violência, tanto a terrorista quanto a repressiva. Falei de improviso sobre a defesa da unidade da nação, dos valores morais e do respeito à vida, pedi uma correta concepção da obediência à pátria. No centro dos conceitos expressos tratava da afirmação, muitas vezes repetida, sobre o fato de que a violência nunca é certa e que nem a justiça, enquanto tal, deve ser violenta.

Explodiu a reação. O jornal *La Nación*, de 29 de junho, publicou um resumo do encontro, enfatizando que o núncio tinha apoiado abertamente a ação repressiva do exército.

Estava na boca de todos que o núncio Laghi fosse amigo do almirante Massera, comandante da Marinha Militar e um dos três generais da Junta. Dizia-se que jogava tênis com ele, que frequentava sua família, tendo feito o casamento de seus filhos e batizado os netos.

Sempre tive o hábito de jogar tênis. Também o fazia na Argentina, numa quadra não muito longe da nunciatura, algumas vezes por semana. Às vezes, também jogava no domingo num centro esportivo frequentado também por outros diplomatas. Ali joguei também com o almirante Massera. Mas não foram mais do que 3 ou 4 vezes durante 4 anos. Devido ao papel de representante do núncio e por razões pastorais, não me neguei a celebrar o casamento de um de seus filhos e batizar o neto. Estes são dados de fato. Não houve outros encontros. Falar de amizade é sinceramente impróprio. Mas, ainda mais incrível, é transformar as relações ocasionais ou exigidas pela função diplomática na afirmação de um meu preciso e inicial conhecimento dos fatos e dos métodos repressivos da ditadura, dos dados a respeito dos prisioneiros e *desaparecidos* e de uma minha corresponsabilidade no desaparecimento de milhares de pessoas.

Monsenhor Laghi também revelou que Monsenhor Bettazzi, então presidente de *Pax Christi*, e Monsenhor Albino Mensa, arcebispo de Vercelli, encaminharam um pedido à secretaria de estado para criar uma organização eclesial, do tipo da chilena *Vicaría de solidaridad*, para receber as denúncias dos cidadãos e criar um arquivo dos direitos humanos. Laghi apresentou o pedido ao episcopado argentino, que deu uma resposta negativa, e a iniciativa fracassou. Ele negou estar a par dos locais de detenção dos prisioneiros e *desaparecidos* e de quantos a Marinha tivesse em seu poder, detalhando que a repressão era conduzida pelos estados maiores das três armas, que constituíam uma organização de unidades militares independentes que tinham, de fato, poder absoluto de detenção, tortura e condenação à morte dos presos. Respondeu também às acusações feitas por Emilio Mignone no livro *Igreja e ditadura*, segundo o qual, como núncio, "tinha instrumentos que não utilizou para cessar o furor homicida de um regime que se proclamava aos quatro ventos católico".[3]

> Mais do que uma acusação específica, trata-se de um julgamento histórico. Eu poderia ter feito mais? Eu me perguntei isso milhares de vezes, mesmo depois de ter saído da Argentina. É difícil absolver-se de tudo como indivíduo, é difícil fazê-lo também como Igreja. O fato, por exemplo, de outros embaixadores terem agido até menos do que a nunciatura para denunciar as violações dos direitos humanos e para ajudar as vítimas, me deixa inquieto. Porque eu sou um padre. Tal inquietação, todavia, não quer dizer reconhecer uma responsabilidade específica de sustentação da ditadura e, ainda menos, dos métodos cruéis e inumanos de que se serviu. Para os casos em que isso, ocorreu deve haver uma forte condenação.
>
> Para me envolver neste âmbito, seria preciso demonstrar que as reconhecidas intervenções papais de crítica ao regime tivessem outra fonte de informações com relação à nunciatura e, em parte, do episcopado local. Certamente permanece a pergunta se uma intervenção mais firme da Igreja como um todo poderia ter resultado capaz de modificar os eventos. Alguns acham que sim, até entre os bispos mais corajosos. Eu não posso excluí-la.

---

[3] Mignone, E. F. *Igreja e ditadura*, p. 93.

Il Regno[4] trazia também uma nota do cardeal argentino Pironio, de 24 de agosto de 1976: "Não obstante os esforços feitos pelo núncio Laghi, o episcopado argentino em seu todo continua a ser tradicionalista... Os compromissos-chave continuam a estar nas mãos de bispos pouco abertos".

Era sabida a incapacidade, e talvez até a falta de vontade de grande parte do episcopado argentino de aplicar o Concílio Vaticano II e as orientações da Conferência de Medellín (1968) e de Puebla (1979).

De qualquer maneira, a pergunta do núncio Laghi é importante: Seria possível ter feito mais?

> O que realmente aconteceu na Argentina eu o soube quando não estava mais na Argentina. O conhecimento, não de fatos singulares, mas do sistema repressivo, das suas dimensões e dos métodos arrepiantes com os quais o regime administrava, isso eu não sabia. No fim de 1979, tive certeza de que a violação dos direitos humanos já se tivesse tornado administração ordinária e a condenei... Apesar de ser um diplomata, fui tratado duramente pelo regime. Por pouco minha intervenção não me causou a censura como *persona non grata*. Imagino que estive entre os expoentes eclesiásticos vigiados. Tive o telefone grampeado durante muito tempo.

Em defesa de Laghi se pronunciaram a Comissão Executiva da Conferência Episcopal Argentina (20 de maio de 1997), os Bispos Jorge Novak de Quilmes, Jaime Nevares e Miguel Ramondetti, um dos promotores do Movimento dos Sacerdotes *terceiro-mundistas*. Indubitáveis as afirmações do Bispo Novak:

> Desde o início do governo da Primeira Junta Militar, Monsenhor Laghi cuidou de muitas famílias de detidos e *desaparecidos*, facilitou a saída do país de muitos perseguidos políticos, manteve informada a

---

[4] *Il Regno-attualità 14* (1997), pp. 385-390.

PARA CONHECER O PAPA FRANCISCO

Santa Sé do que estava acontecendo na Argentina e colocou pessoalmente em discussão a metodologia usada pelas forças de repressão (21 de abril de 1995).

CAPÍTULO VI

A CARTA DOS BISPOS

Em 9 de novembro de 2012[1] os bispos argentinos, reunidos em assembleia plenária, divulgaram um documento que responde às afirmações do golpista general Videla,[2] ex-presidente da república, publicadas pelo semanário espanhol *Cambio 16* e pelo jornalista argentino Ceferino Reato, em seu livro *Disposição final:*[3] *a confissão de Videla sobre os desaparecidos*, segundo o qual o episcopado da época seria considerado cúmplice dos crimes que aconteciam. Videla confessou a Reato:

A verdade é que por 5 anos fiz praticamente tudo aquilo que quis. Ninguém me impediu de governar, nem a Junta Militar nem nenhum órgão do poder. Não me arrependo de nada, durmo muito tranquilamente todas as noites; tenho, sim, um peso na alma, porém, não me arrependo, nem este peso me tira o sono (pp. 16 e 34).

E, ainda:

Não se esqueça de que também tínhamos os capelães militares que nos assistiam e esse relacionamento de colaboração e amizade nunca deixou de existir, nem se rompeu. O presidente da Conferência Episcopal, o Cardeal Primatesta, que eu já conhecia há tempos de Córdoba, tinha fama de progressista ou com tendências esquerdistas da época, po-

---

[1] *Vida Nueva em el Cono Sur 16* (2012).

[2] Videla morreu em 7 de maio de 2013, em Buenos Aires, sem manifestar arrependimento.

[3] *Vida Nueva em el Cono Sur 15* (2012).

rém, quando ocupou seu cargo e eu era o presidente do país, tínhamos um relacionamento impecável. Devo reconhecer que chegamos a ser amigos e, com respeito ao problema do conflito, da guerra, tínhamos também muitos pontos de vista em comum.

Respondeu-lhe logo o atual presidente da Conferência Episcopal, Monsenhor José María Arancedo: "Uma espécie de conivência é totalmente estranha à verdade daquilo que fizeram os bispos que atuavam naquele tempo".[4]

Pode-se ler no documento dos bispos:

> Conhecemos os sofrimentos e os apelos da Igreja por tantos *desaparecidos*, torturados, condenados sem julgamento, crianças retiradas das mães devido ao terrorismo de Estado. Da mesma forma, sabemos da morte e desolação causada pela violência guerrilheira. Não podemos nem desejamos evitar a responsabilidade de avançar no conhecimento desta verdade dolorosa e comprometedora. Embora a história vivida não permita que nos esquivemos facilmente, nem mesmo a responsabilidade que compete a cada indivíduo, temos a preocupação de completar um estudo tardio, porém, necessário.
>
> Dos nossos irmãos mais velhos, os bispos que nos precederam, recebemos sua palavra e testemunho. Com respeito a seu modo de agir, atemo-nos a um prudente respeito, já que não podemos conhecer a fundo o quanto soubessem pessoalmente daquilo que estava acontecendo. Tentaram fazer o que era esperado deles para o bem de todos, de acordo com sua consciência e seu juízo prudente. Por isso, desejando ainda penetrar além da verdade dos fatos e das pessoas, pensamos ser conveniente lembrar alguns parágrafos de seus ensinamentos que, relendo-os, nos parece lúcido e oportuno. Reconhecemos, além disso, que nem todos os membros da Igreja pensavam e agiam com critérios idênticos.

São, então, recordados a *Declaração* da Conferência Episcopal de 16 de março de 1972 sobre a tortura,[5] a *carta coletiva* de 7 de maio

---

[4] *La Nación*, 5 ago. 2012.

[5] Declaração da CEA em Documentos do Episcopado Argentino 1965-1981, p. 143.

de 1977,[6] sobre o fim que não justifica os meios, o documento *Igreja e comunidade nacional*, de 1981[7], que condenava todo tipo de violência proveniente de qualquer das partes.

No ano de 2000,[8] por ocasião do jubileu, os bispos pediram perdão "porque em diferentes momentos de nossa história fomos indulgentes com posições totalitárias, danificando as liberdades democráticas que pertencem à dignidade humana" e também porque "com alguns atos ou omissões discriminamos muitos de nossos irmãos sem nos esforçarmos suficientemente na defesa de seus direitos" (Encontro Eucarístico Nacional, Córdoba, setembro de 2000).

> Desejamos estar próximos de todos que ainda sofrem devido a fatos não esclarecidos nem reparados. Quando a justiça é esperada por muito tempo, deixa de ser justiça e agrega dor e ceticismo. Sabemos que em milhares de famílias existem feridas abertas e dolorosas pelo sequestro, detenção ou desaparecimento de uma pessoa amada. Compartilhamos a dor de todos eles e renovamos o apelo de perdão a quem prejudicamos ou não assistimos como se devia.
>
> Sentimo-nos obrigados a promover um estudo mais completo desses eventos a fim de continuar a buscar a verdade, na certeza de que ela nos libertará (ver João 8,32). Por isto pretendemos rever os antecedentes daquilo que está em discussão. Ao mesmo tempo, encorajamos os outros interessados e investigadores a auxiliar nos âmbitos adequados. De nossa parte, temos colaborado com a justiça quando nos foi pedida informação da qual dispúnhamos. Além disso, exortamos quem tenha dados sobre o paradeiro de crianças roubadas, ou que conheça locais de sepultura clandestina, de se sentir obrigado a procurar as autoridades competentes.

---

[6] *Reflexão para o povo da pátria da CEA*, pp. 311-315.

[7] Documento da CEA. In: *Documentos do Episcopado Argentino 1965-1981*, pp. 392-446.

[8] CEA: reconciliação dos batizados. Confissão das culpas, arrependimentos e pedido de perdão da Igreja na Argentina. In: *Criterio* 2255 (2000), pp. 592-595.

Continuamos a nos esforçar profundamente para promover a fraternidade e a amizade social no povo argentino para caminharmos juntos em busca do bem comum. A reconciliação não é "cancela-se e se começa de novo", e muito menos impunidade. É necessário: o esforço em busca da verdade, o reconhecimento daquilo que é deplorável, o arrependimento dos que são culpados e a reparação justa dos danos causados (ver João Paulo II, *Jornada pela paz*, 1997). Devemos, também, reconhecer que o perdão e a reconciliação são dons de Deus que nos faz irmãos.

A *carta* terminava com um convite para servirem uns aos outros.

A *carta* não agradou os Cristãos para o Terceiro Mundo, um grupo formado por pessoas sensíveis e esforçadas, que não representa a variedade do laicato, porque a maioria de seus membros está ligada à política do governo no poder. Eles responderam duramente aos bispos.[9]

Diante da dolorosa insatisfação que nos causam as ambiguidades e as omissões da mensagem episcopal, exortamos publicamente nossos pastores a que:

– façam cessar o escandaloso pecado público que se configura hoje quando um criminoso culpado e confesso de delitos de lesa-humanidade, sem se arrepender nem manifestar nenhuma vontade de reparação com respeito às atrocidades cometidas, tem acesso ao sacramento da Eucaristia (a referência é dirigida ao general Videla, que se confessa e comunga habitualmente);

– não somente "exortem", mas "exijam" dos capelães militares e das forças de segurança, sacerdotes, religiosos, religiosas e cristãos em geral que forneçam todas as informações que possuam sobre os menores sequestrados ou sobre o destino dos *desaparecidos*. Ajudarão, assim, a por fim à tortura moral das avós e mães ou, ao menos, a dar às famílias um mínimo de paz;

---

[9]   *Vida Nueva em el Cono Sur 15* (novembro de 2012).

– abram os arquivos da Conferência Episcopal (assembleia plenária, comissão permanente, comissão executiva), do ordinariato militar e das capelanias das FFSS a quem deseje investigar, como afirmado pelos bispos na *carta* [...];

– ponha-se fim às situações escandalosas que confundem e debilitam o povo peregrino do qual fazemos parte.

CAPÍTULO VII

UMA PÁTRIA PARA SER RECONSTRUÍDA

Foi o Cardeal Antonio Quarracino quem quis que o Padre Jorge Bergoglio fosse seu íntimo colaborador em Buenos Aires. Em 20 de maio de 1992, João Paulo II nomeia Bergoglio como bispo titular de Auca e auxiliar em Buenos Aires. Em 27 de junho é consagrado bispo pelo cardeal. Escolhe como lema *Miserando atque elegendo*, uma expressão do monge inglês Beda, o Venerável (673-735 D.C.), erudito anglo-saxão, e no brasão de armas usa o criptograma *IHS*, símbolo da Companhia de Jesus. Foi logo nomeado vigário episcopal da zona de Flores, onde nasceu e, em 23 de dezembro de 1993, foi-lhe atribuído também o cargo de vigário-geral da arquidiocese. Ninguém ficou surpreso quando, em 3 de junho de 1997, foi promovido a arcebispo coaudjutor de Buenos Aires. Depois de nove meses da nomeação, morreu o Cardeal Quarracino e Bergoglio o sucedeu em 28 de fevereiro de 1998 como arcebispo, primaz da Argentina e ordinário para os fiéis de rito oriental residentes na Argentina, desprovidos de um ordinário para o próprio ritual. Em fevereiro de 2001, João Paulo II o constitui cardeal, concedendo-lhe o título de São Roberto Bellarmino, o cardeal teólogo jesuíta da contrarreforma. Em outubro de 2001, foi nomeado relator-geral adjunto na 10ª Assembleia Geral Ordinária do sínodo dos bispos, dedicada ao ministério episcopal. Uma função que lhe foi dada no último instante, ao substituir o Cardeal Edward Michael Egan, arcebispo de Nova York, obrigado a voltar para a pátria por causa dos ataques terroristas às Torres Gêmeas em 11 de setembro. No sínodo colocou em evidência particularmente a "missão profética do bispo", seu "ser profeta de justiça", seu dever de "pregar incessantemente" a doutrina social da Igreja, mas também de "exprimir um juízo autêntico em matéria de fé e de moral".

Na América Latina sua figura se impôs pela sobriedade de vida, o espírito de serviço, a disponibilidade ao acordo, a pregação concisa e envolvente. O caráter e a sensibilidade o tornam uma figura quase "ascética", em sintonia com aqueles que colocaram o Evangelho como fundamento da atividade eclesial. Não é nem filósofo nem teólogo. Nunca se ligou a nenhuma corrente particular na universidade católica argentina, da qual foi grande chanceler, e sempre criticou a Teologia da Libertação que flertava com a interpretação marxista da sociedade. Daí a dificuldade para entender alguns jesuítas comprometidos com a realidade social do país. Na opinião do teólogo jesuíta Scannone, eram principalmente os jovens que o sentiam próximo, voltado para compreender os sonhos e as utopias numa sociedade que está sempre em fase de reconstrução e necessitada de reconciliação nacional.

Em 2002, não aceita ser nomeado presidente da Conferência Episcopal, eleição que ocorrerá três anos mais tarde e que será confirmada por um segundo triênio em 2008.

Em Buenos Aires Bergoglio, no fim dos anos 1990, se vê enfrentando problemas enormes. A capital está atingindo níveis de periculosidade próprios de certas áreas no Brasil, na Colômbia, na Venezuela. Uma pesquisa da época fala de um assalto a cada 45 segundos e de 4 homicídios por dia. A assembleia plenária dos bispos afirmava que "as muitas faces da pobreza e da exclusão, como consequência dos critérios somente econômicos, são uma afronta moral que fere a humanidade".[1] O desânimo e a desconfiança atormentam os

---

[1] *Il Regno-attualità 18* (1999), pp. 593-594.

argentinos devido principalmente à extensão dos escândalos e da difusão da corrupção, uma constante na administração do presidente Juan Carlos Menem (1989-1999). Em 1999 venceu as eleições presidenciais uma aliança dirigida pelo partido radical. Chegou à presidência da nação Fernando de la Rúa, que governou num período de crise econômico-social terrível até o fim de 2001.

Os bispos ergueram a voz e progressivamente se deixaram envolver pela crise no país. Em 12 de dezembro de 2000, uma delegação de altíssimo nível da Conferência Episcopal,[2] composta pelo presidente Monsenhor Estanislao Esteban Karlic, arcebispo do Paraná e de seus dois suplentes, Monsenhor Eduardo Vicente Mirás, arcebispo de Rosário, e Monsenhor Jorge Bergoglio, arcebispo de Buenos Aires e primaz da Argentina, foi à *Casa Rosada*, sede do governo, para avisá-lo do risco concreto de uma deflagração social, se não fossem adotadas medidas de urgência para reiniciar a produção e dar trabalho aos desempregados. O presidente os liquidou bruscamente e rispidamente: "desinformados!".

Durante todo o ano de 2001 a Igreja continuou a intervir com documentos oficiais ou declarações de bispos singulares, pedindo às autoridades que assumissem a responsabilidade pelas dificuldades da população, denunciando corajosamente a crise moral e a degeneração do sistema econômico ultraliberal herdado da década de Menem. Em 12 de maio, no fim de sua assembleia, declararam que "a identidade e integridade da nação" corriam sério perigo. Em agosto, a comissão permanente da Conferência Episcopal descrevia o país à beira de "desembocar na anarquia imprevisível". No fim de 2001, a mesma comissão permanente se lançava duramente contra a classe dirigente do país, sedenta de poder: "É preciso entender que o exercício da política deve ser um serviço nobre, austero e generoso para a comunidade e não um local de enriquecimento pessoal e de grupo".

---

[2] *Il Regno-attualità 2* (2002), pp. 45-47.

Para sair da crise "é necessário não mentir para as pessoas com promessas que não serão cumpridas e, ao contrário, agir com absoluta honestidade, a fim de que roubalheiras e propinas desapareçam do horizonte da vida política e econômica".

De 19 a 22 de dezembro houve manifestações de massa com 16 mortos e milhares de feridos. O presidente De la Rúa foi obrigado a se demitir. O presidente da Conferência Episcopal, Monsenhor Karlic, convidou os políticos a "proteger as estruturas de uma autêntica democracia" e a "assumir as próprias responsabilidades com a grandeza de ânimo exigida por sua vocação e pela gravidade do momento atual". Fez-lhe eco o arcebispo de Corrientes, Monsenhor Domingo Salvador Castagna: "É um momento dramático do qual devemos sair unidos, responsabilizando-nos definitivamente pelo rumo que nossa história está tomando, da qual devemos participar, dirigentes e povo".

E Monsenhor Alfonso Delgado Evers, arcebispo de San Juan de Cuyo: "Devemos estar prontos a condenar todo tipo de violência e de roubos. Mas entre estes últimos, é preciso também incluir a subtração de dinheiro público, as sinecuras e os privilégios, os subornos e as malversações, a falta de uma justiça rápida e transparente".

Em 8 de janeiro de 2002, ao fim de dois dias de reuniões extraordinárias, a Comissão Permanente dos Bispos argentinos divulgou um breve documento com tom muito duro com relação à classe política, com o título significativo de "Reconstruir a pátria".

> Que a pátria esteja gravemente enferma – escreviam os bispos – devido a uma vasta infecção moral, que se reflete em diversos campos – econômico, político, cultural –, é inegável. Mas é igualmente certo que o momento de grande humilhação de um povo pode se transformar no início de seu renascimento. Com tal fim é suficiente reconhecer a situação com honestidade, unir os esforços e não perder tempo a acusar-se reciprocamente pelo que aconteceu, sem por isso obstruir o caminho da justiça.

A própria Igreja era chamada a se posicionar e se examinar porque "num país que se professa em sua maioria cristão não é fácil explicar a crise atual senão como um grave defeito de coerência entre fé e vida, na catequese e na pregação da moral social".

Por consequência:

> Em circunstâncias excepcionais como estas, a Igreja, dentro da própria missão, respeitando plenamente as instituições da república e buscando somente a paz e o progresso integral do povo argentino, está disposta a encorajar iniciativas de diálogo entre os diversos setores sociais e políticos.

Parecia claro que a Igreja argentina pretendesse sair a campo, desempenhando um papel direto na administração da crise. Um papel arriscado que envolvia diretamente os bispos, sobretudo três deles, que foram chamados para fazer parte de uma comissão *ad hoc*: Monsenhor Jorge Casaretto de San Isidro, Monsenhor Juan Carlos Maccarone e Monsenhor Lorenzo Staffolani, secretário da pastoral social.

O documento dos bispos Diálogo Argentino, assinado por Monsenhor Karlic, presidente da Conferência, terminava assim:

> A gravidade da situação exige de nossa parte sabedoria para encontrar a solução mais adequada aos problemas, espírito profético para indicar as grandes linhas irrevogáveis de um projeto nacional digno e o compromisso corajoso de nós, argentinos, que, como amigos e irmãos, queremos reconstruir a pátria.[3]

Na Argentina havia 15 milhões de pobres e quatro milhões de indigentes, numa terra que outrora gozava a fama de ser uma das mais ricas da América Latina.

---

[3] *Il Regno-documenti 3* (2002), pp. 93-95.

Por ocasião do feriado nacional de 25 de maio de 2002, o arcebispo de Buenos Aires, o Cardeal Jorge Bergoglio, pronunciou uma homilia durante a celebração do *Te Deum*, que teve ampla repercussão em todo o país. Partindo do episódio narrado no Evangelho de Lucas – o encontro entre Jesus e Zaqueu –, o arcebispo desenvolveu uma longa reflexão sobre a grave situação argentina:

> Como no caso de Zaqueu, pode surgir em nós a consciência de nossa dificuldade em viver com elevação espiritual: sentir o peso do tempo desperdiçado, das oportunidades perdidas, enquanto surge dentro de nós o repúdio pela impotência que nos impede de tomar em nossas mãos o nosso destino, encerrados em nossas próprias contradições.

Diante desta sensação de impotência e em nossos limites, é fácil "delegar aos outros toda a representatividade e todo o nosso interesse. Como se o bem comum fosse uma ciência que pertence aos outros, como se a política – por sua vez – não fosse uma forma elevada e delicada de exercício da justiça da caridade".

E continuou sua reflexão:

> Parece que as nossas culpas esmagaram nossa boa disposição. Um triste pacto interior foi urdido no coração de muitos daqueles que estavam destinados a defender os nossos interesses, com consequências dramáticas: a culpa de suas confusões cabe a nossas feridas e, em vez de invocar a cura, persistem no erro e se refugiam no acúmulo do poder, consolidando os fios de uma teia que os impede de ver a realidade, sempre mais dolorosa.

O país está destruído e eles "buscam argumentos para se justificar e para pedir novos sacrifícios, repetindo a frase falaciosa 'não resta outra saída', justificação que serve somente para narcotizar as suas consciências".

É preciso fazer como Zaqueu: elevar-se, reconhecendo os próprios limites, mas também os próprios recursos e potencialidades:

Temos vivido muitas ficções, acreditando fazermos parte do primeiro mundo; fomos atraídos pelo bezerro de ouro da estabilidade consumista e do turismo "tudo incluído", a custa do empobrecimento de milhões de pessoas. Quando obscuras cumplicidades interiores e exteriores se transformam em álibis para justificar comportamentos irresponsáveis, que não hesitam em impulsionar a situação aos limites sem se preocupar com as consequências danosas [...] de nada serve a tentação de encontrar um bode expiatório em nome do nascimento de uma classe melhor, pura, mágica.

Bergoglio chamou a atenção para a necessidade de renunciar "a querer sempre ter razão, a manter intactos os privilégios; é preciso renunciar à vida fácil e ao ganho fácil; deixar de se comportar como parvos, anãos de espírito".

Já não suportamos o bastante para finalmente nos decidirmos a romper com os velhos esquemas, a renunciar a atitudes tolas tão arraigadas e a deixar o caminho livre para as nossas verdadeiras potencialidades? É necessário que escorra mais sangue para que o nosso orgulho ferido pelos fracassos reconheça a própria derrota? [...] Hoje, como nunca antes, quando o perigo da desagregação nacional bate à porta, não podemos permitir que a inércia nos paralise, que nossa impotência nos insensibilize e as ameaças nos intimidem [...] Nenhum talento, nenhuma riqueza pode remediar a baixeza moral; e, todavia – se o problema não é moral –, não há saída para aquele que tem o olhar baixo, sem esperança, resignado diante dos próprios limites, desprovido de criatividade.

A conclusão: "É preciso dar tempo ao tempo e à constante organizadora e criadora: recorrer menos à reclamação estéril, às ilusões, às promessas e nos dedicarmos à ação firme e perseverante. Por este caminho floresce a esperança, aquela esperança que não decepciona porque é um dom de Deus para o coração do nosso povo".

O diálogo argentino, prenunciado pelos bispos, não foi recebido com entusiasmo por todas as partes interessadas. A mediação da

Igreja foi rudemente criticada por alguns setores. Uma carta de protesto de alguns padres pedia à hierarquia que tomasse "uma posição irrevogável e clara a favor dos pobres e contra as causas da pobreza". Não obstante as críticas, a hierarquia decidia continuar a apoiar a iniciativa do diálogo, porque "dialogar para a Igreja não quer dizer render-se nem se tornar conivente com nenhum setor".

A guinada *para o alto*, desejada e corajosamente expressa por Bergoglio, não parecia de forma alguma abatida.

CAPÍTULO VIII

A ÉPOCA DOS KIRCHNERS

Em 25 de maio de 2003, tomava posse como presidente da república Néstor Carlos Kirchner Ostoic, depois de vencer as eleições de 27 de abril, que viu a Frente para a Vitória de Kirchner, esquerda social-democrática peronista, obter 22,2% dos votos contra a Frente pela Lealdade-União de Centro Democrática, de Menem, a direita do peronismo. Dever-se-ia passar para o segundo turno, mas Menem retirou a candidatura e Kirchner resultou eleito com o percentual de votos mais baixo.

Kirchner nasceu em Río Gallegos, capital da província de Santa Cruz, na Patagônia. O pai era de origem suíça e a mãe, croata. Estudou Direito e aderiu ao movimento peronista. Em 1976 conheceu Cristina Fernández, que se tornou sua mulher, companheira de trabalho e, também, na política. Depois do golpe de Estado dos militares em 1976, os dois se transferiram para Rio Gallegos, onde trabalharam para um advogado conhecido do lugar e se enriqueceram atuando em liquidações de propriedades da classe média que não conseguia pagar o contratado de acordo com uma circular injusta de José Alfredo Martínez de Hoz, ministro da economia de Videla. Em 1986 Néstor foi candidato a prefeito da cidade pelo Partido Justicialista. Em 1991 foi eleito governador de Santa Cruz. Permaneceu por dez anos. Participou da comissão que modificou a Constituição argentina. Afastou-se progressivamente de Carlos Menem e fundou uma corrente de centro-esquerda chamada *Corrente Peronista*, através da qual se apresentou nas eleições presidenciais de 2003.

Washington Uranga escreveu em *Il Regno*:[1] "Cerca de um mês após ter assumido o poder (25 de maio), o presidente argentino Néstor Kirchner se revelou um político pragmático e também decidido, disposto a colocar em prática suas convicções e a não se deter diante das dificuldades que se apresentam".

Falou-se do *fenômeno Kirchner*: um estilo totalmente pessoal e direto do presidente de enfrentar os graves problemas de uma população extenuada e à deriva. Ele o disse no discurso programático de 25 de maio: não teria aceitado nenhum tipo de pressão da parte de grupos de poder nas mãos de poucos e teria tentado por fim à corrupção, prometendo postos de trabalho. Entretanto, buscou o apoio do *Clarín*, o jornal mais vendido na Argentina, e fez uma aliança com esse poderoso grupo.

Um documento da Conferência Episcopal já tinha resumido de maneira dramática a realidade do país: "A crise econômico-social e o consequente aumento da pobreza têm as próprias causas nas políticas inspiradas pelo neoliberalismo, que considera os ganhos e as leis de mercado como parâmetros absolutos, em prejuízo da dignidade e do respeito pelas pessoas e povos".

A crítica dos bispos foi severa: "Hoje nos parece normal ver nossos irmãos procurarem comida no lixo". A constatação era que: "Até que o desemprego não seja detido, a pobreza continuará a crescer e se tornarão ainda mais profundas as suas consequências lógicas: o colapso dos sistemas de segurança social, saúde, educação e previdência social".

A denúncia dos bispos tinha em mira

> a corrupção que parece persistir graças à impunidade, ao descaramento daqueles que transferem os seus capitais para o exterior sem nenhum controle do Estado, a falência do sistema jurídico somada à

---

[1] *Il Regno-attualità 14* (2003), pp. 121-123.

desobediência às leis, a insegurança e o aumento da discrepância que existe entre os poucos privilegiados com grandes possibilidades e a marginalização de multidões excluídas até mesmo dos mínimos recursos para conduzir uma vida digna.

Iniciou uma ação dirigida a conter a degradação da vida política, removendo pessoas acusadas de corrupção. Teve-se a sensação de que se tivesse iniciado uma nova atmosfera e que finalmente se tivesse encetado um caminho de nova orientação econômica, política e social.

Néstor Kirchner logo adquiriu a fama de progressista com gestos simbólicos fortes, como retirar a fotografia do general Videla no Colégio Militar, continuar a busca dos que haviam colaborado com as Forças Armadas e as de Segurança, entre 1976 e 1983, ou apoiar a lei do casamento dos homossexuais. Apoiou a classe média progressista; aplicou uma política social assistencialista-clientelista. Favoreceu as minas a céu aberto. Por outro lado, impôs um regime de governo para seu proveito, beneficiando-se de uma corrupção desmedida e acumulando uma importante fortuna pessoal com o exercício do poder político.

Néstor Kirchner se encontrou com Bergoglio pouco depois de se tornar presidente e parecia existir pontos em comum para recuperar a vida e o desenvolvimento do país. Mas, um ano mais tarde, vieram à luz as diferenças que o cardeal arcebispo de Buenos Aires expressou na homilia do *Te Deum* na catedral. Bergoglio atacou o *exibicionismo* do novo governo.

Em 2005, o presidente não participou do *Te Deum*. A tensão era palpável. Os Kirchners não aceitavam ouvir do púlpito que sua política não era em benefício do povo. As homilias de Bergoglio eram detalhistas, precisas, fundamentadas. A seguir alguns trechos escolhidos.[2]

---

[2] LAPEGNA, V. E. *O Papa Francisco*; nova e bendita surpresa de Deus (ver site: <informadorpublico.com>. Acesso em: 27 de março e 2 de abril de 2013).

"Não são poucas as vezes em que o mundo olha estupefato para um país como o nosso, cheio de possibilidades, que se perde em atitudes e crises emergentes e não aprofunda os aspectos sociais, culturais e espirituais, que não quer entender as causas, que se desinteressa do futuro."

"Estamos preparados para a intolerância. Estamos cansados dos nossos discursos e contestações, dispostos a acusar os outros antes de olhar para nós próprios."

"O medo cego é vingativo e leva, muitas vezes, a desprezar o que é diferente, a não ver o complementar, a zombar e a censurar quem pensa de modo diferente, o que é uma nova forma de pressionar e ter poder."

"A difamação e a intriga, a transgressão com muita propaganda, negar os limites, degenerar ou eliminar as instituições fazem parte de uma longa lista de estratagemas com os quais a mediocridade se esconde e se protege, disposta a fazer tábua rasa de tudo que a ameaça."

"A proposta é nos libertarmos de nossa mediocridade, esta mediocridade que é o melhor narcótico para escravizar os povos. Não são necessários os exércitos opressores. Parafraseando o nosso poema nacional, podemos dizer que um povo dividido e desorientado já está dominado."

"Uma cultura midiática confusa e medíocre nos mantém na perplexidade gerada pelo caos e pela anomia, pelo confronto permanente interno e dos 'interiores', distraídos pelo espetáculo da notícia, de tal modo que não se pode ver a nossa incapacidade diante dos problemas cotidianos. É o mundo dos falsos modelos e dos esquemas prefixados. A opressão mais sutil é, então, a opressão da mentira e da ocultação. Isto, sim, com base em muita informação, informação opaca e, como tal, equívoca."

"Certamente é costumeiro que, diante da impotência e dos limites, tendamos para a resposta fácil de delegar aos outros toda a representatividade e o interesse por nós próprios, como se o bem comum fosse uma ciência estranha, como se a política – por sua vez – não fosse uma forma elevada e delicada de exercer a justiça e a caridade."

"Hoje, como nunca, quando o perigo da desagregação nacional bate à porta, não podemos permitir que a inércia nos paralise, que nossa impotência nos insensibilize e as ameaças nos intimidem."

"Não voltemos ao orgulho da divisão centenária entre os interesses centralistas – que vivem da especulação monetária e financeira, como era anteriormente a atividade comercial do porto – e a necessidade imperiosa do estímulo e da promoção daqueles territórios e populações distantes da capital, condenados agora à curiosidade turística."

"Que também não nos impulsione o orgulho do próprio interesse faccioso, o mais cruel dos esportes nacionais, cuja regra de ouro não é enriquecer com o confronto das diferenças, mas destruir implacavelmente também as melhores propostas e os sucessos dos adversários."

"Isto deve ser alcançado: fazer cumprir a lei, que o nosso sistema funcione, que o banquete para o qual nos convida o Evangelho seja esse local de encontro e de convivência, de trabalho e celebração e não um café para os interesses do mundo."

"A lei é a condição intransponível da justiça, da solidariedade e da política, e ela nos protege, descendo das alturas, impedindo-nos de cair na tentação da violência, do caos, do revanchismo. Responsabilizemo-nos pela dor de tanto sangue derramado inutilmente em nossa história."

"Abramos os olhos por um momento: uma guerra surda está se desenvolvendo em nossas ruas, a pior de todas, aquela dos inimigos que convivem e não se veem entre si porque seus interesses se cruzam dirigidos por organizações sórdidas dedicadas à delinquência."

"Sabemos bem que este povo poderá aceitar humilhações, porém não a mentira de ser julgado culpado por não reconhecer a exclusão de 20.000 irmãos com fome e com a dignidade pisoteada."

Nas eleições de 2007, Néstor não se apresentou como candidato à presidência, deixando espaço para sua mulher Cristina. Em 2007 se tornou secretário do Partido Justicialista e propôs a entrada do partido na Internacional Socialista. Morreu em 27 de outubro de 2010, com a idade de 60 anos, em El Calafate, vítima de um enfarte. Saíram às ruas de Buenos Aires e de muitas cidades argentinas milhares e milhares de pessoas.

A cúpula do episcopado argentino, com o presidente Bergoglio como chefe, reuniu-se com Cristina algumas semanas depois de sua ascensão à presidência, em 2007. Logo surgiram grandes dificuldades de entendimento. Bergoglio estava fortalecido por uma intervenção do Papa Bento XVI, que tinha denunciado o *escândalo* da pobreza na Argentina. O cardeal denunciava: "Há anos o país não se responsabiliza pelas pessoas".

Em 2011 Cristina preferiu assistir ao *Te Deum* do Arcebispo Fabriciano Sigampa de Resistencia. Bergoglio pediu numa mensagem que se "extirpassem as ambições desmesuradas" dos governantes.

Foi a aprovação do casamento de homossexuais em 2010 o momento de maior tensão entre Bergoglio e Cristina Kirchner. O cardeal atacou duramente a aprovação da lei e ordenou que em todas as missas se falasse do valor do casamento e da família.

Os Kirchners não tiveram dificuldades com a hierarquia católica somente por questões religiosas ou político-sociais, mas também devido ao caso do ordinário militar Monsenhor Antonio Baseotto, designado para exercer o cargo pelo Papa João Paulo II em 2002. Numa cerimônia religiosa em 2005, o ordinário relembrou os anos de violência na Argentina e igualou a responsabilidade dos militares àquela dos guerrilheiros com relação aos crimes cometidos. Os Kirchners pediram que a Santa Sé retirasse do cargo o Bispo Baseotto. João Paulo II negou e Baseotto permaneceu em seu posto até o fim de 2007, quando se aposentou.

Com relação a Bergoglio, Néstor tinha sido mais equilibrado e menos agressivo do que sua mulher, que continuou a atribuir ao cardeal o desgostoso comportamento a modo de Pilatos (em sua opinião) com respeito aos jesuítas Yorio e Jalics. Bergoglio sempre foi firme com respeito a três princípios, que desde sempre marcaram o caminho da colaboração: a necessidade do diálogo, a luta contra a pobreza e a batalha contra a corrupção. Comportava-se com um estilo austero, mas esse era o estilo que tinha para com todos: empresários, políticos, jornalistas, sindicatos, teólogos e padres. E com este estilo encontrava todos aqueles que iam falar-lhe dos problemas do país. Cristina não entendeu o seu estilo. Sempre pensou que, além de ser arcebispo e o primaz da Argentina, ele fosse um opositor político.

Foi a Roma para a investidura de Bergoglio no trono pontifício. Bergoglio deu-lhe um beijo e lhe doou o Documento de Aparecida. Um presente eloquente.

CAPÍTULO IX

APARECIDA E A MISSÃO CONTINENTAL

A V Conferência Geral do Episcopado Latino-americano aconteceu em Aparecida, o conhecido santuário Mariano do Brasil, em maio de 2007. Foi um dos momentos em que o então Cardeal Bergoglio mostrou a sua lucidez, o seu espírito eclesial e a sua preocupação pela evangelização.

Conheci-o em Aparecida, empenhado na direção da comissão encarregada de escrever o documento final. Víctor Manuel Fernández, sacerdote da diocese de Rio Claro, no sul da província de Córdoba, reitor da Universidade Católica argentina, um versátil escritor, confirma que Bergoglio foi a Aparecida preocupado, mas cheio de sonhos. Muitos lhe diziam que a Conferência poderia devolver o entusiasmo e a esperança, mas principalmente o sonho de uma Igreja latino-americana com identidade própria e um projeto histórico marcado pela beleza do Evangelho e do amor pelos pobres. Repetia-se em toda parte que na precedente Conferência de São Domingos a intromissão da cúria do Vaticano tinha sido excessiva e que o *fervor latino-americano*, que tinha se revelado em Medellín (Colômbia, 1968) e em Puebla (México, 1979), havia sido deliberadamente extinto.

Com respeito à contribuição de Bergoglio em Aparecida, sigo as informações do Padre Víctor Manuel Fernández, presente na Conferência e ativo conselheiro do episcopado. Na terça-feira, dia 15 de maio, os bispos elegeram a comissão que deveria se ocupar da redação do documento final e teria orientado a assembleia no debate. O Cardeal Jorge Bergoglio foi eleito presidente por ampla maioria. Um bispo argentino perguntou baixinho: "Como Bergoglio faz para ganhar sempre as eleições?". O reitor da Universidade Católica observou: "Sabia-se que não tinha feito nenhuma campanha. Simplesmente, quando falou na assembleia, muitos se sentiram tomados por sua linguagem simples e sugestiva que transmitia esperança, segurança e vontade de trabalhar pelo futuro".

Em 16 de maio, Bergoglio presidiu a celebração da missa com uma homilia agradável e sugestiva sobre o Espírito Santo. Desenvolveu um dos temas que caracterizam o seu pensamento. Exortou para que se evitasse uma Igreja autossuficiente e autorreferencial e se pronunciou por uma Igreja capaz de atingir todas as periferias humanas. Este tema apareceu bem tratado no Documento de Aparecida, do qual emerge com clareza um pedido para uma nova e feliz etapa missionária.

Desde o início Bergoglio encorajou uma participação ampla e livre. Não queria que se impusesse algum texto como base, mas que todos se exprimissem espontaneamente, na esperança de que pouco a pouco começasse a surgir o consenso. O Padre Víctor Manuel Fernández relata: "Num corredor me disse que sempre se devia agir assim e que em todos os casos se deveria conservar até o fim o esforço para orientar o trabalho com o escopo de garantir um resultado".

O intercâmbio entre as comissões de trabalho foi muito rico e se respirava muita vitalidade.

Na terça-feira, dia 25 de maio, houve uma reunião de 16 peritos e se constatou que o nível de trabalho não tinha sido muito linear. Algumas comissões tinham concluído algum trabalho, outras somente enumeraram alguns pontos. Alguns dialogaram com muita harmonia, outros discutiram o tempo todo, e ainda outros optaram por se subdividirem em grupos distintos menores. De qualquer modo, não se podia dizer que houvesse tensão. Todos os dias se ouvia dos mais idosos que o clima de debate estava anos-luz distante da Conferência de São Domingos, onde a atmosfera tinha sido bastante conflituosa. Bergoglio estava bem. Era um clima congenial para ele trabalhar. As coisas se complicaram quando todos insistiram num texto breve, sem que nenhum renunciasse a sua posição. O texto final deveria refletir os consensos de todo o corpo de redação.

Bergoglio queria que fossem expressas todas as linhas, mas que não se chegasse a produzir um texto diluído, com pouca eficácia, com partes que se impusessem sobre outras. Ele perseguiu esse fim com uma arte sutil, quase imperceptível, mediante uma série de expedientes inteligentes, uma espécie de microengenharia.

Na tarde de 25 de maio, todos voltaram aos próprios hotéis e na comissão de redação os bispos se dividiram em sete pequenos grupos para analisar as intervenções até o meio-dia do domingo. A comissão pediu ao Padre Víctor Manuel Fernández que fizesse uma leitura sumária do trabalho aos membros; foram propostas alterações, incluídos esclarecimentos, reduzidos trechos que não alteravam o conteúdo. Às 17h o documento estava pronto para ser fotocopiado.

Bergoglio, na primeira semana de trabalhos da Conferência, tinha pedido ao Padre Víctor Manuel Fernández que escrevesse um texto sobre a religiosidade popular, matéria em que ele era muito competente. Foram trazidos à luz aspectos positivos, bem como os riscos, os perigos e os possíveis desvios. Nos últimos dias pediu-lhe que incluísse referências ao potencial de santidade e de justiça social, à piedade popular e à devoção à Virgem que reúne todos os povos latino-americanos.

O trabalho impulsionado por Bergoglio foi bastante intenso. Foram mais de 2.400 observações e contribuições que deveriam ser levadas em conta na redação final. Em 30 de maio os peritos puseram mãos à obra com o cardeal para redigir o documento conclusivo e terminaram depois das 2h da manhã. Exaustos. O mais resistente era Bergoglio, que dizia: "Seria preciso mais um dia".

A palavra que mais se repete em todo o documento é *vida* (mais de 600 vezes). No centro do documento está a atividade evangelizadora apresentada como uma oferenda de vida digna e plena para os povos. O documento insiste bastante numa missão alegre e generosa que atinja as periferias e enfatize as verdades mais importantes e mais belas do Evangelho, sobretudo a pessoa de Jesus Cristo. Estimula a crescer como discípulos humildes e disponíveis, amigos dos pobres e apaixonados pelos povos latino-americanos. A contribuição de Bergoglio foi extraordinária e decisiva.

Em 20 de agosto de 2009, os bispos argentinos divulgaram um documento corajoso e inovador sobre a *missão continental*, promovida pela V Conferência de Aparecida, que tinha falado da necessidade de "renovar (tornar novo) o nosso estilo de evangelização".

A *carta pastoral*, que mostra a influência do pensamento e do estilo de Bergoglio, parte da constatação de que na Igreja sempre acontecem coisas novas.

> E o novo para nós se faz presente nos desafios trazidos pelo tempo presente e circunstâncias em que vivemos. Esta é a maravilha da presença do Espírito na Igreja. O Espírito sempre sopra, convidando-nos a buscar o novo nas coisas ordinárias, renovando o nosso cotidiano, porque é Cristo quem torna novas todas as coisas.

Fazendo referência ao importante e sugestivo documento Navegar Mar Adentro [Navegar em mar aberto] (31 de maio de 2003), os bispos reafirmavam que "se trata de renovar nossas escolhas pastorais a partir da perspectiva missionária, transmitindo a todos a ideia de que temos uma só vocação, de discípulos e de mestres". Trata-se de uma "missão permanente", uma atividade com "validade indeterminada" que, embora envolvendo todo o continente latino-americano e o Caribe, deixa para as próprias Conferências Episcopais a realização *in loco*. Dando continuidade ao documento Navegar Mar Adentro, os bispos falam de "conversão pessoal", que se exprime na firme intenção de assumir o estilo evangélico de Jesus Cristo, que requer do evangelizador "a capacidade de acolher cordialmente as pessoas, a disponibilidade, a pobreza, a bondade e a atenção para com as necessidades dos outros".

Parte-se da pastoral ordinária das paróquias, das capelanias e das comunidades, da catequese, da celebração dos sacramentos, das estruturas diocesanas. É reafirmada a importância e reconhecido o valor da *religiosidade popular*.

São estas resumidamente as linhas programáticas:

– Estimular o crescimento do estilo missionário na pastoral orgânica e diocesana, particularmente no interior da paróquia, entendida como instituição pastoral privilegiada no projeto de evangelização.

– Dar prioridade à pastoral missionária a partir da catequese de iniciação intensificando a ação *pastoral do batismo*.

– Promover o esforço missionário para a realização de uma sociedade justa e responsável, apelando para a pastoral familiar e a doutrina social da Igreja. Os cristãos são chamados para o compromisso político, para os deveres de cidadania, e estimulados a se tornarem agentes de uma mudança social, econômica e política do país, a partir da transformação pessoal de simples habitantes para cidadãos responsáveis.

– Multiplicar as atividades missionárias permanentes. "Não nos podemos contentar esperando que nos venham procurar."

Outro trecho importante ocorreu por ocasião da comemoração do bicentenário de nascimento do país.

A Conferência Episcopal argentina propôs que o bicentenário fosse celebrado durante o sexênio (2010-2016) porque os acontecimentos fundamentais para o país foram a revolução de 25 de maio de 1810, em Buenos Aires, e o Congresso de Tucumán, que declarou a independência nacional em 9 de julho de 1816.

Em 2010, no início das comemorações do bicentenário, e por ocasião da XIII Jornada Arquidiocesana da Pastoral Social, levando em conta as propostas do documento Para um Bicentenário na Justiça e na Solidariedade, Bergoglio realizou uma conferência com o título "Nós como cidadãos, nós como povo". O texto reflete a maturidade do seu pensamento teológico-pastoral e filosófico-político sobre a sociedade entendida como um "nós", na qual os cidadãos cumprem responsavelmente sua vocação política a partir de seu pertencimento histórico-cultural à comunidade argentina. Disse que no segundo centenário da história da Argentina independente as condições são diferentes do primeiro com respeito à democracia, às liberdades, aos direitos sociais. Desenvolveram-se intensos processos de inclusão política e social no curso do século XX e, nos últimos anos, deitaram raízes os processos de integração. Todavia, ainda existem feridas, questões não resolvidas e débitos a serem saldados. Viveram-se momentos difíceis e duros: instabilidade crônica e embates, ditaduras militares, a guerra perdida das Malvinas-Falklands (2 de abril – 14 de junho 1982), a crise e a depressão de 2001-2002. Produziu-se o divórcio entre os dirigentes políticos, *elite* e povo. "A prioridade deve ser o indivíduo ou o povo?", pergunta-se Bergoglio. O novo individualismo contemporâneo é uma desgraça e deve ser detido. Por isso o título da intervenção é significativo e programático: "Nós como cidadãos, nós como povo; como cidadãos no sentido de um povo".

Cidadãos é uma categoria lógica. *Povo* é uma categoria histórica e mística, afirma Bergoglio. O desafio de ser cidadão se torna explícito no pertencimento à *sociedade* e no pertencimento a um *povo. Vive-se numa sociedade e se depende de um povo.*

Não é automático fazer parte de um povo: é um processo o *tornar-se povo*. Um trabalho árduo, lento, muitas vezes doloroso. Inclui o saber e querer se *integrar*.

Ser cidadão no sentido de um povo exige que na base haja quatro princípios: o tempo é superior ao espaço, a unidade é superior ao conflito, a realidade é superior à ideia, o todo é superior à parte.

Entretanto, devem ser resolvidas três *tensões bipolares*.

A primeira: tensão entre a plenitude e o limite. A plenitude é a vontade de possuir tudo e o limite é a parede que se coloca defronte. O *tempo* se relaciona com a plenitude como expressão do horizonte e o *momento* como expressão do limite. O cidadão vive na tensão entre a conjuntura do *momento* vista à luz do *tempo*, do horizonte. Daqui brota o primeiro princípio: o tempo é superior ao espaço. Bergoglio observa que um dos pecados da atividade sociopolítica consiste em privilegiar os espaços de poder em prejuízo dos tempos dos processos. Deve ser dada prioridade a *iniciar processos* mais do que a *ocupar espaços*.

Brota um segundo princípio: *a unidade é superior ao conflito*.

Quando se para na conjuntura conflituosa, perde-se o sentido da unidade. O conflito deve ser assumido, vivido, porém, existem maneiras diversas de fazer isso. Há quem – observa Bergoglio – o veja e continue em frente como na parábola do samaritano. No entanto, não se deve fazer de conta que nada está acontecendo.

Existe um segundo modo de se colocar diante do conflito: colocar-se tão dentro dele que se fica prisioneiro. Agindo assim, perde-se o horizonte e a unidade se afasta. Daqui surge a anarquia: projetar as próprias confusões nas instituições a ponto de desmantelá-las.

A terceira maneira de se colocar diante do conflito consiste em penetrar em seu cerne, resolvê-lo e transformá-lo num elo da corrente, num processo que avança.

Daqui se originam os dois princípios que ajudam a ser autênticos cidadãos: *o tempo é superior ao espaço* e *a unidade é superior ao conflito.*

A segunda tensão bipolar diz respeito à *tensão entre ideia e realidade.*

Bergoglio observa: a *realidade* é, a *ideia* se elabora. Entre as duas deve-se instaurar um diálogo para que não haja contraposição, a fim de não se cair nos idealismos e nominalismos. É perigoso viver no reino das imagens, da palavra, do sofisma. A ideia não se deve deixar seduzir pelo sofisma; deve visar persuadir. Seduzidos, perdemos a nossa função de cidadãos. Persuadidos, amamos as ideias e caminhamos juntos.

Daqui brota o terceiro princípio: *a realidade é superior à ideia.* O cidadão deve tomar consciência de si mesmo a partir da realidade.

A terceira tensão bipolar diz respeito à *tensão entre globalização e localização.* Deve-se ter em vista o *global* para não cair na mesmice cotidiana. Ao mesmo tempo, não se deve perder de vista o *local*, que faz caminhar sem perder o contato com a realidade. Ambos, o *global* e o *local*, impedem que o cidadão viva num universalismo globalizante ou num localismo folclórico ou anárquico.

Nem a esfera global que anula nem a parcialidade isolada que castra: é esta a aguçada observação de Bergoglio. Na primeira são todos iguais; cada ponto é equidistante do centro da esfera. Não existe diferença entre os diversos pontos. Este tipo de globalização induz ao erro. "Qual é, então, o modelo?", pergunta-se Bergoglio. É a figura geométrica do *poliedro*, que é a união de todas as parcialidades que na unidade conservam a originalidade da parcialidade.

"É, por exemplo" – diz Bergoglio –, "a união dos povos que, na ordem universal, conservam sua peculiaridade como povo; é a união das pessoas numa sociedade que busca o bem comum."

Um cidadão que mantém a sua peculiaridade pessoal e a sua ideia pessoal, porém unido a uma comunidade, não se anula como na esfera, mas conserva as diversas partes do poliedro. O universal e o local juntos constroem pontes, e não abismos, e dão lugar a uma proximidade em movimento. Trabalha-se no pequeno, no próximo, no provincial, no regional, no nacional, mas com a perspectiva global. Isto leva ao quarto princípio: *o todo é superior à parte*.

O "todo" do poliedro não é o "todo" esférico porque conserva o particular, enquanto o todo da esfera o anula.

Como consequência, ser cidadão significa ser chamado para uma escolha, ser convocado para uma luta e não se sentir gente de massa, mas ser sociedade, ser povo. Isto implica a luta, que tem dois inimigos declarados: a indiferença (lavo as mãos diante do problema) e as contínuas lamentações e desmentidos daqueles que fazem da própria vida uma palinódia contínua.

É hora de se saber projetar numa cultura de encontro que privilegie o diálogo como método, a busca compartilhada de consensos e de acordos. É hora de um novo projeto histórico para a nação argentina, a fim de viver como cidadãos num povo mais justo e solidário, mais homogêneo e integrado, sem exclusões nem conflitos agudos.

O artífice principal, o sujeito histórico, é o povo e a sua cultura, não uma classe, uma fração, um grupo, uma elite. O cardeal observa:

> Não serve um projeto de poucos para poucos, de uma minoria iluminada ou testemunhal que se apropria de um sentir coletivo. É um acordo para viver juntos. É a vontade expressa de querer ser povo-nação no contemporâneo. É uma experiência de povo em marcha na história com as dificuldades e os contratempos, as alegrias e as penas, as dores e as satisfações.

O cardeal se detém em duas *prioridades*: *erradicação da pobreza e desenvolvimento integral de todos*.

O Estado, sujeito ativo, eficaz e eficiente, promotor e primeiro responsável pelo bem comum, com base nos princípios da subsidiariedade e solidariedade, tem um papel fundamental, que não pode ser delegado, na busca do desenvolvimento integral. Pontos focais de sua ação são a participação, o diálogo, os consensos, a definição de um projeto preciso de país, que não seja alienante e ilusório. É fundamental que a nação aproveite estes tempos (*kairos*) para uma política de direitos humanos que tenha em vista a construção de uma *identidade* baseada na memória, na verdade, na justiça.

É um projeto e, como tal, requer que se abra para a utopia. Bergoglio conclui: "Observo em nosso povo argentino uma forte consciência de sua dignidade. É uma consciência histórica que tem se moldado em termos significativos".

Este é o centro e o núcleo da ação pastoral de Bergoglio.

CAPÍTULO X

A PASTORAL SOCIAL DE BERGOGLIO

Em 1997, ano em que Bergoglio foi promovido arcebispo coauditor de Buenos Aires, os superiores provinciais da Companhia de Jesus da América Latina e Caribe, respondendo ao convite da XXXIV Congregação Geral para aprofundar sua missão baseada na relação fé-justiça, divulgaram um documento intitulado "O neoliberalismo na América Latina".[1]

> Recusamo-nos a aceitar tranquilamente que as medidas econômicas aplicadas nos últimos anos em todos os países da América Latina e Caribe sejam o único modo possível de orientar a economia, e que o empobrecimento de milhões de latino-americanos seja o custo inevitável do crescimento futuro. Por detrás dessas medidas econômicas existe uma estratégia política, subjacente a uma concepção da pessoa humana e a uma cultura que é necessário discernir à luz do nosso modelo de sociedade, ao qual aspiramos e pelo qual trabalhamos, ao lado de tantos homens e mulheres, movidos pela esperança de viver e de deixar às gerações futuras uma sociedade mais justa e humana.

Em certos países as medidas de intervenção e ajuste tiveram também consequências positivas e não de pouca monta, mas estão "todavia longe de compensar os enormes desequilíbrios e desigualdades que o neoliberalismo produz". Juntamente com um crescimento econômico moderado – observam os provinciais jesuítas –

---

[1] *Il Regno-documenti 5* (1997), pp. 165-167.

aumenta em quase todos os nossos países a inquietação social que desemboca nos protestos urbanos e nas greves. Em alguns lugares reinicia-se a luta armada que nada resolve. Em resumo, cresce a rejeição da orientação geral da economia que, longe de melhorar o bem comum, torna mais profundas as causas tradicionais do descontentamento popular: a desigualdade, a miséria e a corrupção.

O jesuíta Bergoglio, sempre muito atento às indicações da Companhia, recorrendo à colaboração de pessoas competentes, dava muita importância aos que pediam orientação e intervenção sobre os aspectos sociais relativos à construção do país. Como pastor, em diversas mensagens à comunidade de Buenos Aires, exprimiu com clareza a necessidade de trabalhar num esforço coletivo para reconstruir os vínculos sociais e criar um futuro empolgante para todos. Em alocuções e homilias – célebres as do *Te Deum* – indicou o caminho da pastoral social.

Vamos nos deter em alguns pontos muitos importantes para o Arcebispo Bergoglio.

Primeiro, entre todos, a unidade do *povo* baseada em três pilares:

1. *A memória de suas raízes.* Um povo que não tem memória de suas raízes, que vive importando programas de sobrevivência de ação e de crescimento, está perdendo um dos pilares mais importantes de sua identidade como povo.

2. *A coragem diante do futuro.* Um povo sem coragem é um povo facilmente dominado, submetido no sentido bruto da palavra. Quando um povo não tem coragem, torna-se submisso aos poderes, ao império e à moda do momento – cultural, política, econômica –, qualquer coisa que hegemonize e impeça de criar diversidades que enriqueçam.

3. *Captar a realidade do presente.* Um povo que não sabe fazer a análise da realidade que está vivendo se atomiza, se fragmenta. Os interesses particulares têm primazia sobre o interesse e o bem comum. A análise da realidade não deve ser uma análise do tipo ideológico, mas deve ver a realidade tal como é e daí fazê-la emergir.

Dizia alguém – observa Bergoglio – que a realidade é mais bem apreendida na periferia do que no centro, e é verdade. Ou seja, não captamos a realidade daquilo que nos atinge como povo e, portanto, não vamos construir no presente a coragem pelo futuro com a memória das nossas raízes, se não sairmos do estado de "instalação no centro", de sossego, de tranquilidade.

Continua o cardeal: temos de recuperar a *utopia*.

> Não podemos caminhar sem saber aonde estamos indo. É um crime privar um povo da utopia porque isso nos leva a despojá-lo também da esperança. A utopia supõe saber até onde alguém mira. Diante da má globalização que é paralisadora, é necessário determinar a utopia, reformulá-la, reivindicá-la.

"De onde reconstruir os vínculos sociais?".

> Reconstruir o sentido de comunidade implica romper com a lógica do individualismo competitivo, mediante a ética da solidariedade. A ética da competição (que não passa de uma instrumentalização da razão para justificar a força e contribui para destruir os vínculos sociais) possui plena validade em nossa sociedade.

Outro ponto-chave para entender a ação de Bergoglio em Buenos Aires é a *cultura do encontro*. Ele se exprime assim:

> Diante da cultura do fragmento, como alguns pretenderam chamá-la, ou da não integração, se requer, mais ainda nos tempos difíceis, não favorecer aqueles que pretendem capitalizar o ressentimento, o esquecimento de nossa história compartilhada, ou que se embevecem em enfraquecer os vínculos, manipular a memória, comerciar com utopias de cena teatral.

O que fazer?

> Para um cultura do encontro é necessário passar dos refúgios culturais à transcendência que está na base: construir um universalismo integrativo que respeite as diferenças; temos necessidade do exercício do diálogo fecundo para um projeto compartilhado, do exercício da au-

toridade como serviço para o desenvolvimento do projeto comum (do bem comum); a abertura de espaços de encontro e de descobrir a força criativa do religioso dentro da vida da humanidade e da sua história, uma redescoberta que tenha como centro de referência o homem.

O *país* num caminho de liberdade e maturidade é chamado a construir o seu futuro, que requer, antes de tudo, ter esperança.

> A Argentina chegou ao momento de uma decisão crítica, global e fundamental que diz respeito a cada um de seus habitantes; a decisão de continuar, enquanto país, a aprender com a experiência dolorosa destes anos e iniciar um caminho novo, ou afundar-se na miséria, no caos, na perda dos valores e na decomposição como sociedade.

Segundo Bergoglio, três palavras caracterizam o caminho do país argentino: utopia, esperança, criatividade, que estão enraizadas na verdade: "Falar a verdade, dizer a verdade, expor os nossos critérios, os nossos valores, as nossas opiniões".

Uma reflexão sobre a *política* que os argentinos devem redescobrir porque tem em vista o bem comum. A partir do Evangelho, é preciso criar uma cultura política. "Assim como hoje há um voluntariado para os hospitais, existe um voluntariado para a política neste momento em que se está tão sem prestígio."

A parábola evangélica do bom samaritano é o esquema para reconstruir o país e senti-lo pátria. Indica com quais iniciativas uma comunidade pode renascer a partir de homens e mulheres que sentem e agem como verdadeiros *sócios* (no sentido antigo de concidadãos). Homens e mulheres que tornam própria e que acompanham a fragilidade dos outros, que não permitem que se erga uma sociedade de exclusão, mas que se aproximam – se tornam próximos –, erguem e reabilitam aquele que cai para que o bem seja comum.

CAPÍTULO XI

"DEUS VIVE NA CIDADE"

Esse é o título de um excelente livro do teólogo argentino Carlos María Galli, perito teológico na Conferência de Aparecida em 2007, professor na Universidade Católica de Buenos Aires, autor de muitos livros; um dos teólogos que Bergoglio ouve com atenção, profundo conhecedor do seu pensamento, seu colaborador em várias ocasiões.[1]

Galli, tratando do argumento da renovação missionária da Igreja de Buenos Aires, se refere ao *estado de missão* instaurado pelo Cardeal Bergoglio, um arcebispo íntegro. Quando se pergunta ao arcebispo qual o lugar mais belo do mundo, ele responde: Buenos Aires! Conhece "o coração, o semblante e o clamor da cidade: flores e o centro, a catedral e São Caetano, Marechal e Borges, a música e o tango".

Perguntava-se: Como deve ser a Igreja em Buenos Aires para satisfazer a sua vocação evangelizadora? Como o povo de Deus avançará pela trilha de uma missão urbana permanente?

Em agosto de 2008, o arcebispo chamou a Igreja de Buenos Ares para assumir o projeto de Aparecida, a fim de que pudessem caminhar juntas na *missão paradigmática* e na *missão programática*. Expressões que denotam uma realidade muito complexa da arquidiocese. A primeira implica que se assuma a missão continental permanente segundo as modalidades de cada Igreja em particular para

---

[1] GALLI, C. M. *Deus vive na cidade*; para uma nova pastoral urbana à luz de Aparecida. Buenos Aires: Agape libros, 2011.

transformar as estruturas da pastoral ordinária na chave missionária. A segunda se exprime naqueles gestos simbólicos e planos concretos que manifestam o Espírito Santo, o principal protagonista da missão, que impulsiona o serviço de homens e mulheres na evangelização da cidade.

No período de 1990 a 2005, com os arcebispos Quarracino (1990-1998) e Bergoglio (depois de 1998), foram feitas escolhas sugestivas para dar seguimento à história pastoral das décadas anteriores de um modo inovador. Depois de Aparecida, Bergoglio passou do "estado de assembleia" ao "estado de missão" e propôs pensar a pastoral do sacramento do Batismo como âmbito inicial do cruzamento entre paradigmático e pragmático.

Em 17 de novembro de 2010, Bergoglio deu início à *missão batismal* em sintonia com o *Documento de Aparecida* e a *carta pastoral* dos bispos argentinos. A missão permanente, iniciada na Páscoa de 2011, propôs não se limitar a programar uma série de ações, mas, sim, a se projetar no tempo. O objetivo é começar uma *destemida pastoral batismal*, com a intenção de enraizar a consciência do dom de Deus no povo cristão; facilitar o acesso ao sacramento da fé a todos, especialmente às crianças e aos adultos; atualizar a memória do Batismo como o ingresso visível na comunidade do povo de Deus; renovar a dimensão mística e missionária de todos os cristãos, chamados pelo sacerdócio batismal para a santidade e para a missão. As novas orientações têm a finalidade de renovar as estruturas para atingir aqueles que mais têm necessidade e a quem, desejando o batismo, não aceita formas transitórias de contato que não correspondem à sua sensibilidade.

A *conversão pastoral* tem a finalidade de repensar a práxis e a catequese batismal para *facilitar a transmissão da fé na interação do dom e da liberdade*.

A missão paradigmática permanente e a sua integração na missão programática tendem a por as bases de um *novo estilo pastoral fundado no vínculo cordial*. Nesta linha se coloca o apelo de Bergoglio, em 2007, para fazer "das nossas paróquias e geografias pastorais os *santuários*, onde se vivencia a presença de Deus que nos ama, nos une e nos salva".

No mesmo ano a campanha pastoral da Semana Santa tinha como lema: "Que Buenos Aires seja um grande santuário pelo qual passa o Cristo morto e ressuscitado para se encontrar com o seu povo". A campanha de 2008 usou a expressão *santuarizar as paróquias*: pretendia esclarecer

> um estilo pastoral que levasse o anúncio da graça e da salvação a todos, aproximando-os principalmente, de um modo simples e fraterno, daqueles que normalmente não veem às nossas paróquias e aos nossos movimentos, mas que, sem dúvida, fazem parte do povo de Deus que caminha sequioso de sua graça.

Nestes anos foram privilegiadas as visitas aos hospitais como santuários de dor e a presença missionária nas ruas, esquinas e praças. *Santuarizar as paróquias* quer dizer – segundo Sergio Zalba, citado por Galli – que as paróquias deveriam adotar o estilo de muitos santuários no país que se relacionam com peregrinos.

Buenos Aires – escreve Galli – tem muitos centros para a religiosidade católica, alguns dos quais foram escolhidos pelo Arcebispo Bergoglio para as suas mensagens e seus gestos: a catedral na missa crismal: um local de dor e marginalização para o lava-pés; a praça pública para o Corpus Domini; São Caetano para a piedade popular: o santo do pão e do trabalho; a peregrinação ao santuário de Luján pelos jovens; as mensagens televisivas e radiofônicas nas festas do Natal e da Páscoa para os cristãos e as pessoas de boa vontade.

Em 2011, Bergoglio inaugurou o I Congresso da Pastoral Urbana de Buenos Aires sob a inspiração do Documento de Aparecida. Disse no relatório ao Congresso:

> Por isso nada de propostas imaginárias, separatistas, assépticas, que partem do zero, que tomam distância para pensar como se pode fazer para que Deus viva numa cidade sem Deus. Deus já vive na nossa cidade e nos incita – enquanto estamos refletindo – a ir a seu encontro para descobri-lo, para construir relações de proximidade, para acompanhá-lo em seu crescimento e incarnar o germe de sua palavra em obras concretas. O olhar da fé se faz mais amplo cada vez que pomos em prática a Palavra. A contemplação melhora a ação.

E, ainda:

> Se partimos da constatação de que a anticidade cresce com o "não olhar", que a maior exclusão consiste em não enxergar sequer o excluído – aquele que dorme na rua não é visto como pessoa, mas mais como parte da degradação e do abandono na paisagem urbana, da mentalidade de rejeição, da cultura de descarga –, a cidade humana cresce com o olhar que "vê" o outro como concidadão. Nesse sentido o olhar de fé é o germe de um olhar da cidadania.[2]

Bergoglio concentrou sua ação pastoral nas *linguagens da esperança e da alegria*. Aparecida estimulava a conversão espiritual para uma renovada mística missionária, que proporcionaria alegria e gratidão. Na missa crismal de 2011, Bergoglio exortou a alegria. Referiu-se à *Evangelii nuntiandi* (8 de dezembro de 1975) de Paulo VI, um texto do qual gosta muito. O papa concluía a encíclica convidando a "redescobrir o valor e a audácia apostólicos". Bergoglio comentou:

> Da citação da *Evangelii nuntandi* surgem duas coisas: a descrição do fervor espiritual como *alegria doce e confortadora de evangelizar,*

---

2 *Settimana 15* (14 abr. 2013), Bolonha: EDB, p. 10.

como ímpeto interior que ninguém nem nada é capaz de extinguir, e a idiossincrasia do apóstolo no sentido negativo e positivo: não com evangelizadores tristes e apagados, impacientes ou ansiosos, mas com ministros do Evangelho, cuja vida irradia o fervor dos que receberam, *primeiro em si próprios, a alegria de Cristo* e aceitam consagrar sua vida à função de anunciar o Reino de Deus e implantar a Igreja no mundo.

A conotação negativa na personalidade do apóstolo se refere ao que, no início do mesmo n. 80, Paulo VI assinalava como "obstáculos" para a evangelização, que perduram em nossos tempos: "a falta de fervor até mais grave quando vem de dentro. Esta falta de fervor se manifesta no cansaço e na desilusão, na acomodação ao ambiente e no desinteresse e, principalmente, na falta de alegria e esperança".[3]

O anúncio do Evangelho em Buenos Aires – afirmava o arcebispo – precisa de mensageiros da alegria de Cristo, e citava a respeito o profeta Isaías (65,18): "Crio Jerusalém para a alegria e o seu povo para o gáudio".

O arcebispo conhecia bem Buenos Aires, às voltas com enormes desafios. Falou sobre isso na Praça da Constituição em 2009: a transmissão da fé para as novas gerações; o acompanhamento das pessoas sozinhas (um terço da população); a proximidade a todos que sofrem de feridas espirituais, psicológicas e afetivas. Falou da solidariedade para com os pobres estruturais e para com os novos pobres (os sem-teto e os meninos de rua); do comportamento dos pastores com relação ao povo, sobretudo nos momentos mais duros da vida; da proximidade para com aqueles que sofrem a escravidão, o tráfico, o vício do jogo e das drogas; do testemunho afetuoso e da confiança em Deus para cada pessoa.[4]

---

[3] BERGOGLIO, J. M. *A mensagem de Aparecida aos sacerdotes*, p. 116, citado por Galli, *Deus vive na cidade*, 329.

[4] Id. Homilia do senhor arcebispo na Praça da Constituição. *Boletín Eclesiástico 511* (2009), pp. 445-446.

Propunha recriar *o comportamento contemplativo* em locais públicos, como as praças, e a promoção de uma *cultura do encontro* em ambientes como bares e cafés.

CAPÍTULO XII

TEOLOGIA DA LIBERTAÇÃO

A Teologia da Libertação não é um bloco unitário. Rosino Gibellini[1] escreve que "nela é possível identificar diversas correntes que, segundo uma análise cuidadosa (a referência é ao teólogo argentino Juan Carlos Scannone), se poderia reduzir a 4: 1) teologia a partir da práxis pastoral da Igreja: é uma teologia da libertação em sentido lato, cuidando dos aspectos pastorais e espirituais da liberação e menos dos aspectos culturais e sociopolíticos; 2) teologia a partir da práxis dos povos latino-americanos (é representada por alguns teólogos argentinos como Lucio Gera, Juan Carlos Scannone): privilegia os aspectos culturais do *ethos* popular e menos os aspectos sociopolíticos; 3) teologia a partir da práxis histórica: é a corrente que coloca totalmente em prática a descrição que demos anteriormente e que agrega os principais representantes da Teologia da Libertação: ela insta, no contexto da libertação integral, a relevância dos aspectos sociopolíticos da libertação; 4) teologia a partir da práxis dos grupos revolucionários: nela prevalece o discurso sobre a ação política revolucionária dos grupos cristãos".[2]

Já em 1968, antes da Conferência de Medellín, Gustavo Gutiérrez tinha promovido uma conferência com o título "Para uma teologia da libertação", dando assim nome à reflexão teológica desenvolvida

---

[1] GIBELLINI, R. *A teologia do século XX*. Brescia: Queriniana, 1992, p. 382.

[2] Nestas notas me refiro ao artigo de G. Scannone: Contribuições da teologia argentina do povo para a teologia latino-americana. In: TORRES, G. S.; ABRIGO, C. O. (eds.). *Atualidade e vigência da teologia latino-americana. Renovação e projeção*. Santiago do Chile: Edições UCSH, 2012, pp. 203-225.

na atmosfera pós-concílio. Na Argentina esta reflexão se iniciou por obra de Lucio Gera (1924-2012), de origem friulana, perito na mesma Conferência, dos teólogos da Coepal (Comissão Episcopal da Pastoral) e do Movimento dos Sacerdotes para o Terceiro Mundo, surgido como resposta ao Manifesto dos Bispos do Terceiro Mundo (15 de agosto de 1967).

A Coepal tinha sido designada no pós-concílio (1966) pela Conferência Episcopal argentina para elaborar um plano nacional de pastoral segundo o espírito do Vaticano II. Era formada por vários bispos – Marengo, Zazpe, Angelelli –, por teólogos, pastorais, religiosos e religiosas. Figuravam nomes célebres da teologia argentina, como o próprio Gera, Rafael Tello, ambos professores na Faculdade de Teologia de Buenos Aires, os sacerdotes diocesanos Justino O' Farrell, da Congregação de Dom Osima, mais tarde sacerdote diocesano de Buenos Aires, Guillermo Saenz, do Movimento Rural de Ação Católica, Gerardo Farrell, especialista na doutrina social da Igreja, Juan Bautista Capellaro, do Movimento Mundo Melhor, os jesuítas Fernando Boasso e Alberto Sily, ambos do Centro de Investigação e Ação Social, o biblista passionista Mateo Perdia e outros. A comissão constituía o âmbito no qual nasceu a *teologia argentina do povo*, cuja marca se nota na *declaração* do episcopado argentino de São Miguel (1969), sobretudo no capítulo VI, sobre a pastoral popular, que aplicava Medellín ao país.

A Coepal deixou de existir no início de 1973, mas os membros continuaram a se encontrar como grupo de reflexão sob a orientação de Lucio Gera. Este também foi perito na Conferência de Puebla (1979) e membro da equipe teológico-pastoral do Celam; exerceu uma forte influência teológica e pessoal dentro do Movimento do Terceiro Mundo e, mais tarde, foi membro da Comissão Teológica Internacional. A sua teologia é mais verbal do que escrita, mas suas intervenções, artigos e ensaios foram recolhidos e publicados. Não se pode deixar de considerá-la, quando se deseja examinar as etapas da teologia na Argentina.[3]

Era a época do governo militar de Juan Carlos Onganía (1966-1970), uma ditadura, mas não tão feroz como aquela do general Videla. Estava em curso a repressão do Movimento Operário Peronista (o peronismo caíra em 1955), estava se organizando a guerrilha, nas universidades nasciam as cátedras nacionais de sociologia presididas por figuras de estudiosos eminentes. A tendência era se distanciar tanto do liberalismo quanto do marxismo. Gera e a Coepal ressaltavam o *povo de Deus*, categoria bíblica privilegiada pelo Concílio para designar a Igreja e os *povos, especialmente o povo argentino*. Os povos eram considerados sujeitos da história e da cultura e atores da própria evangelização. Scannone observa:

> A categoria "povo" é ambígua, não por pobreza, mas por riqueza. Porque, de um lado, pode designar um povo-*nação* e, de outro, as *classes* populares. Segundo a reflexão da Coepal, esta categoria deve ser entendida antes de tudo na primeira acepção, compreendendo a partir da unidade plural de uma *cultura* comum, enraizada numa *história* comum e projetada até o *bem comum* compartilhado. Porém, são os *pobres* que, ao menos *de fato* na América Latina, mantêm como *estruturantes a própria vida e convivência* a cultura própria de seu povo, cujos interesses coincidem com um *projeto histórico de justiça e paz*. Porque na nossa América vivem oprimidos por uma injustiça estrutural e por uma violência institucionalizada.

---

[3] AZCUY, V. R.; GALLI, C. M.; GONZÁLEZ, M. (Comitê Teológico Editorial). *Estudos teológico-pastorais de Lucio Gera. 1*; do pré-concílio à Conferência de Puebla (1956-1981). Buenos Aires: Agape/Faculdade de Teologia da UCA, 2006, e AZCUY, V. R.; CAAMAÑO, J. C.; GALLI, C. M. (Comitê Teológico Editorial). *Estudos teológico-pastorais de Lucio Gera. 2*; da Conferência de Puebla a nossos dias (1982-2007). Buenos Aires: Agape/Faculdade de Teologia UCA, 2007.

A "escola argentina" é entendida principalmente a partir da cultura como "estilo de vida comum de um povo" e não tanto a partir do território ou da classe social.

Esta teologia não passa acima dos conflitos sociais, embora privilegie a *unidade* do povo. A injustiça institucional e estrutural é entendida como *traição* do povo feito por um *antipovo*. É uma teologia que se destaca do *método marxista* de análise social, das *estratégias operacionais*, das *categorias* de compreensão, e que acentua o aspecto *cultural e religioso-popular*.

Scannone relata que, apresentando seu livro *Evangelização, cultura e teologia*, o teólogo Carlos María Galli, discípulo de Lucio Gera, distinguia três gerações da corrente teológica argentina da libertação, colocando Gera na primeira, junto com os outros peritos da Coepal, Scannone, na segunda, e ele próprio na terceira. Não se deve esquecer que na segunda geração aparecia Orlando Yorio, o jesuíta sequestrado e depois libertado quando Bergoglio era provincial. Tornou-se no clero diocesano animador teológico e espiritual dos seminários populares de formação teológica até sua morte em 2000.

Na opinião de Scannone são estes os pontos da teologia argentina:

> "*O povo de Deus nos povos do mundo* é o título da tese de doutorado de Carlos María Galli discutida com Lucio Gera em 1990, publicada parcialmente em 1994. Faz um levantamento da teologia contemporânea a partir dos anos 1930 até o fim dos anos 1980, refletindo sobre a relação entre o povo de Deus e os povos do mundo. É uma *eclesiologia inculturada*, conduzida no interior da história do povo argentino com a categoria do *intercâmbio* para concluir que o povo de Deus é povo dos povos."

> "Como consequência, a *catolicidade* do povo de Deus se enraíza na *incarnação do povo* de Deus nos povos. As categorias a que Galli recorre são: *catolicidade, missão, incarnação, intercâmbio* e *sujeito*, já que os povos são sujeitos, artífices de sua história".

"O método: ver, julgar, agir. O tecido social não é mais aquele dos anos passados. Assiste-se à formação de um novo *hibridismo* cultural, do qual falam Pedro Trigo, em Caracas, e Jorge Seibold, em Buenos Aires. Nas periferias das cidades se tenta uma síntese vital entre os valores das culturas populares, especialmente a suburbana, e outros próprios da modernidade e pós-modernidade. Também se busca uma *mediação sociocultural* entre a sabedoria popular, principalmente a dos pobres, e as contribuições *da ciência e das tecnologias modernas*".

"A piedade popular é outro ponto-chave, não obstante suas ambiguidades e a necessidade, pois, de recorrer sempre a um discernimento sensato. O ponto de referência é a religiosidade popular das comunidades eclesiais de base, os círculos bíblicos, os grupos carismáticos de prece e também as peregrinações dos jovens ao célebre santuário argentino de Luján, a pastoral dos santuários ou a nova devoção à Virgem."

Scannone adota a observação de Gustavo Gutiérrez: a teologia argentina do povo é uma "corrente com características próprias dentro da Teologia da Libertação". E, como tal, tem contribuído, a partir de sua perspectiva *inculturada* e no seu próprio contexto, para a breve, mas rica, tradição teológica latino-americana. É desejável que cresça para o bem do povo, sobretudo para os pobres e excluídos.

CAPÍTULO XIII

DO SUL DO HEMISFÉRIO SUL

Em 13 de março a fumaça foi branca. Tinha sido eleito como papa o Cardeal Jorge Mario Bergoglio. Foi anunciado que tinha escolhido o nome de Francisco. Primeiro bispo de Roma vindo *do sul do hemisfério sul*, "quase do fim do mundo".

O teólogo Carlos María Galli relata: "Trabalhei com Bergoglio na elaboração do Documento de Aparecida, pois ele presidia a comissão de redação. Foi eleito pela maioria e se foi com aplausos".

Primeiro papa de língua espanhola e primeiro arcebispo de Buenos Aires inteiramente *portenho*. Primeiro papa latino-americano, com a sua tonalidade argentina, que exprime o *estilo pastoral* da Igreja Argentina. Galli continua: "Francisco é a confirmação de que precisamos de um pastor bom, que ame o seu povo, e não um mero 'homem eclesiástico', interessado em fazer carreira e apascentar a si mesmo".

Bergoglio foi um bispo pastor e missionário no rastro da Conferência de Aparecida e será um símbolo da nova evangelização.

"Tem devoção pela exortação *Evangelii nuntiandi* de Paulo VI, que nós dois ensinávamos nas aulas de teologia pastoral. Ele primeiro, no Colégio Máximo de São Miguel, eu, na Faculdade de Teologia de Villa Devoto."[1]

---

[1] GALLI, C. M. O Papa que chegou do sul do hemisfério sul. In: *Vida Nueva* (Cono Sur) 8 (2013,); Id. De João XXIII a Francisco: a ternura de Deus e os pilares da paz. In: *Vida Nueva* (Cono Sur) 9 (2013), pp. 33-35.

O documento de Paulo VI falava da alegria *de Cristo*. Ele disse à multidão reunida na Praça São Pedro que no Senhor "reside a nossa alegria, a esperança que devemos trazer para este nosso mundo. Levemos a todos *a alegria da fé*".

Constitui um ponto-chave na história de Bergoglio. Em 2012, com um documento,[2] os bispos argentinos propuseram aprofundar as atitudes evangélicas da alegria, do entusiasmo e da proximidade. Estas têm caracterizado toda a ação pastoral de Bergoglio.

Mas há um bispo que conhece muito bem Bergoglio: o dehoniano Virginio Bressanelli, bispo de Neuquén, na Patagônia. Delineou para *Settimana*, do Centro Dehoniano, um perfil que merece reflexão.[3] Bressanelli começa observando que

> talvez a melhor definição de Bergoglio tenha sido dada há alguns anos pelo rabino Abraham Skorka, que, no prefácio do livro *O jesuíta*, sobre o então arcebispo de Buenos Aires, disse que aquele texto deveria ter como título: "O pastor".

Bressanelli continua:

> Bergoglio é, de fato, fundamentalmente um pastor que sente no coração a paixão pelo Reino de Deus em toda a sua importância, e sente a necessidade de se dirigir às pessoas com uma linguagem semelhante e compreensível. É um pastor que caminha com o seu povo, em meio ao rebanho, solidário com as vicissitudes desse rebanho e que habitualmente pedia a seus párocos que exalassem o odor de ovelhas, visto que se impregnam com as suas preocupações, necessidades, dores e alegrias.

---

[2] *Orientações pastorais para o triênio 2012-2014*; a missão continental no ano da fé. Buenos Aires: CEA, 2012.

[3] *Settimana* (24-31 mar. 2013).

É o homem que valoriza o "contato pessoal, conquista com o seu olhar e ilumina com suas orientações".[4] É dotado de "grande calor humano. A profundidade de seu pensamento, expresso em conceitos simples e numa linguagem nova e cativante, permite-lhe, como a um bom escritor, inventar termos novos, compreensíveis e de significado plástico para os jovens".

Bressanelli observa que os seus discursos são breves, mas essenciais. É eloquente com as palavras e com os prolongados silêncios. Tem muito cuidado com a coerência entre o que diz e o que faz. Seu modo de agir é salpicado de sinais e símbolos que propõem um novo estilo de Igreja e de pastor.

Sem dúvida, é um homem de espírito que se refere imediata e constantemente a Cristo e ao Evangelho, como aprendido em sua formação jesuítica: o costume de aplicar o discernimento dos guias do Espírito. "É um homem de prece, meditação e trabalho", continua Bressanelli. O próprio teólogo Scannone me tinha dito. É capaz de reunir muitas coisas. "Não é um espiritualista; a sua interpretação da realidade social é lúcida e aguçada. Chega a entender antes dos outros e expressa juízos respeitáveis." É suficiente ler a conferência apresentada durante a XIII Jornada da Pastoral Social em Buenos Aires, com o título: "Para um bicentenário de justiça e solidariedade". Um plano de trabalho destinado a durar até 2016, que tem como tema "Nós como cidadãos, nós como povo".

Bressanelli diz ainda:

> é um homem de Igreja, cheio de amor pela Igreja, respeitador da ortodoxia doutrinária e disciplina eclesiástica, desejoso de inculti-la com dinamismo e despi-la de costumes e vínculos que privam de energia o anúncio e a aceitação do Evangelho. Totalmente dedicado a seu povo a ser evangelizado, a seus pobres; no contexto urbano do anúncio sabe

---

[4] SKORKA, A. *O jesuíta*; conversas com o cardeal Jorge Bergoglio. Buenos Aires: Vergara, 2010, p. 21.

valorizar os sentimentos religiosos dos humildes, as raízes e as tradições da mais genuína identidade católica.

É tudo muito claro. É um pastor que tem um comportamento simples, humilde, atento a quem lhe fala, próximo de todos. Por conta própria escolheu a pobreza e vive de maneira sóbria, alguns dizem "mística". Sabe-se que andava de ônibus e metrô. Sua casa em Buenos Aires é modesta, quase espartana, suas roupas são recatadas, é visivelmente avesso ao luxo e ao fausto. Parcimonioso no uso dos bens. Sempre pronto a ajudar os outros. Deve-se lembrar o caso do bispo de Podestà que, deixando o cargo episcopal, casou-se. Bergoglio lhe esteve próximo com muito respeito e discrição. Sempre atento aos padres. Bressanelli se recorda de que as dioceses pobres do nordeste argentino e da Patagônia foram as mais beneficiadas por seu grande amor e grande preocupação.

Célebres são suas intervenções nos encontros com os sacerdotes, aos quais apresentava uma Igreja viva, com as portas abertas; uma Igreja que sai para buscar e que deixa entrar aqueles que, de qualquer maneira, estejam procurando Cristo. Ficaram famosas algumas expressões suas: "permitam-se ser misericordiosos", "vão à periferia", "vamos nos mexer", "não devemos ser uma Igreja de chinelos", "não fiquemos fechados", "uma Igreja que não tem poder, que é pobre... Deus a torna rica", e tantas outras que denotam um estilo pastoral inovador e que repercutiram por muito tempo entre os seus sacerdotes.

Ainda Bressanelli: Bergoglio

> crê numa Igreja que se deixa evangelizar pelos homens e por isso ama e valoriza a fé popular, que chama de "catolicismo popular", "espiritualidade popular", porque encontra nas expressões simples do povo (peregrinações, devoções, orações comuns e simples, novenas, ritos e votos, veneração das imagens), nos modos para confiar ao Senhor as próprias penas, necessidades e esperanças, uma verdadeira vivência de Deus.

Na Argentina muitos colocam em evidência que Francisco não é somente um nome: é um projeto de Igreja pobre, simples, mas enraizada no Evangelho e menos ligada aos poderes humanos. Consequentemente, o Papa Francisco deixará de lado os símbolos do poder e as tradições seculares faustosas, que são obstáculo para a credibilidade de sua mensagem.

"Uma Igreja", comenta Bressanelli, "que sabe se despir das estruturas hoje em dia superadas e sabe dar vida a novas relações humanas, novos sinais, novos gestos para evangelizar, nova vida. Uma Igreja serva, fraterna, que privilegia aquilo que nós na América Latina chamamos 'conversão pastoral'".

Por outro lado é ele próprio que frequentemente usa a palavra "autorrefencial" com relação àquele tipo de Igreja enleada em intrigas internas ou interesses mundanos.

Bressanelli se lembra de que há meses Bergoglio estimulou os editores e jornalistas de *Vida nueva* na Argentina a levarem

> ar fresco, a liberar a Igreja daquele cansaço que a leva a cair nas duas maiores tentações de que hoje sofremos: a frivolidade espiritual e o clericalismo. Ambos a impulsionam a se fechar em si mesma; a impedem de caminhar, de dialogar com o mundo e com a história, com o perigo de cair na autorreferencialidade que a conduz para a esterilidade, à incapacidade de ser mãe, cujas características são o assombro e a ternura.

Bressanelli se detém na escolha do nome Francisco. É óbvia a referência ao pobrezinho de Assis, mas há mais do que isso. Bergoglio em Buenos Aires estimulava seus agentes pastorais a irem "para as periferias existenciais", onde ninguém vai. Chegava a dizer: "Saiam das cavernas, saiam das sacristias". Ele os exortava a deixar a comodidade pessoal, até mesmo os amigos, para ir fazer outros amigos, os pobres e os deserdados.

Muitos afirmam, agora não só na Argentina, que com o Papa Francisco é possível que se inicie um novo capítulo da história da Igreja *"caracterizado"*, segundo o bispo de Neuquén, "não por grandes reflexões teológicas, mas por um novo modo de ser e de se colocar nesta transformação de era, neste novo milênio".

Os grandes nomes da teologia argentina constatam que Bergoglio está confirmando o caminho tomado pastoralmente em Buenos Aires, traçado com paciência em sintonia com os seus bispos auxiliares, o seu presbitério e os seus colaboradores pastorais. Um caminho amadurecido no diálogo e na escuta, no compartilhamento e na prece, chegando aos documentos da Igreja mais preferidos, como o *Evangelii nuntiandi* de Paulo VI. Agora se sente chamado a lançar o programa argentino para as Igrejas do mundo, obviamente concordando que cada Igreja em particular faça seu caminho, levando em conta sua própria peculiaridade e especificidade.

Bressanelli, que trabalhou lado a lado com Bergoglio, confirma que é também um líder ao organizar o colegiado episcopal afetiva e efetivamente. Seus primeiros gestos e as nomeações em curso são a premissa de que haverá mudanças também muito profundas. Os desafios são muitos. Cada continente tem o seu. Alguns preocupam mais do que outros, como, por exemplo, o crescente número de batizados que se afastam da Igreja e muitos que acabam em seitas variadíssimas.

Bressanelli responde a quem pergunta com apreensão se o Papa Francisco tem o poder para realizar mudanças necessárias e urgentes: "Francisco tem pulso e fôlego suficientes para enfrentar os desafios internos e externos da Igreja. É dotado de capacidade decisória. É criativo e sabe motivar as pessoas. Serão necessários colaboradores vigorosos".

Só nos resta desejar-lhes: Bom trabalho!

POSFÁCIO

UM RETRATO AO VIVO

*Víctor Manuel Fernández**

Muito além das novidades que aparecem na mídia sobre os gestos do Papa Francisco, parece-me importante ajudar a compreender o seu ensinamento a partir de sua obra como arcebispo. Já adianto que minha abordagem não é crítica, mas de coração e a partir de profundas convicções pessoais.

1. Sentimento popular profundo. A palavra "povo" é uma das que Bergoglio – como ele sempre se apresenta – usa com um olhar especial. Ele valoriza o povo como sujeito coletivo, que deveria estar no centro das preocupações da Igreja e de qualquer outro poder. Já há algum tempo afirma, enquanto em alguns setores da sociedade e da Igreja o povo é considerado somente uma massa cheia de defeitos, que deve ser corrigido pela ação formadora de "sábios e prudentes".

Não podemos ignorar que, como bispo, sempre insistiu com os seus padres que fossem não só misericordiosos, mas que soubessem também se adaptar às pessoas, que não adotassem uma moral ou uma práxis eclesial rígida, não complicassem a vida das pessoas com preceitos caídos autoritariamente do alto. "Estamos aqui para dar ao

---

* Monsenhor Victor Manuel Fernández, reitor da Universidade Católica de Buenos Aires, foi colaborador de Bergoglio nos anos em que era arcebispo da capital argentina e seu consultor teológico em Aparecida.
O texto aqui reproduzido foi publicado pela revista *Settimana 29* (2013), pp. 8-9.

povo aquilo de que tem necessidade" é uma convicção que repete insistentemente. Estou convencido de que não se trata de populismo oportunista (pode-se dar-lhe qualquer outro nome), mas de certeza naquilo que o Espírito faz no povo, e o faz segundo modelos e categorias muitas vezes irreconhecíveis nos ambientes cultos ou abastados que, em sua incapacidade para compreender, habitualmente mostram o mesmo autoritarismo irracional por eles criticado.

2. Realismo eclesial. Sem dúvida, isso não significa ignorar que a Igreja possui estruturas que podem facilitar ou dificultar a transmissão do Evangelho, a comunicação da vida, a experiência fraterna, a maturação dos discípulos. Pensar a Igreja como povo, todavia ignorando a sua dimensão estrutural e os mecanismos e processos dos centros de poder eclesial, seria pouco realista e, certamente, acabaria por mostrar certo dualismo ou monofisismo eclesial. Para o Papa Francisco a Igreja, a Igreja oficial com os seus ministros e as suas estruturas, está ali para ser transparência de Jesus Cristo. Por isto deve ser pobre, fraterna, livre, simples, generosa, alegre.

Sabemos que para prosseguir no estilo de Igreja amado pelo Papa Francisco são necessárias mudanças e reformas, se não por outra razão, para que os processos sejam mais humanos e evangélicos. Sabemos que o fato de ter-se apresentado logo e insistentemente como bispo de Roma já revela certo modo de entender o exercício do pontificado. É papa na qualidade de bispo de uma parte do mundo, o que indica um exercício de poder fortemente descentralizado, que respeita os processos, as escolhas, a história e as culturas locais. Esta convicção exige reformas para que possa se manifestar na vida concreta da Igreja.

A primeira revolução já foi realizada quanto ao que diz respeito à linguagem discursiva ou simbólica. Ele fala uma linguagem que todos podem entender, não por falta de formação ou de cultura, mas por vontade própria de se fazer compreensível e garantir que a mensagem do Evangelho possa atingir a todos. Pode causar as mudanças das quais a Igreja necessita, mesmo que só parcialmente, de modo eficaz. Tem familiaridade com o poder e, conhecendo a sua astúcia, creio que não será fácil enganá-lo.

3. Apreciação constante e sentida da piedade popular. A maioria do povo argentino exprime a própria fé segundo as modalidades da "religiosidade popular", que nem sempre coincide com as indicações da hierarquia eclesiástica e que, com dinamismo original, cria formas próprias de expressão. Bergoglio adotou essa avaliação positiva da fé popular, entendida como efeito da ação livre e misteriosa do Espírito.

Quando estávamos juntos em Aparecida, certa noite me disse que o mais importante para ele era que o documento conclusivo desse forma efetiva a essa consideração. Pediu-me um texto breve, mas rigoroso nessa linha. Em seguida, indicou-me algumas alterações e me orientou para completá-lo e enriquecê-lo. Em Buenos Aires manifestou de muitas maneiras essa sua convicção, observando que os agentes pastorais estão a serviço desta vida que palpita na "barriga" das pessoas, que ninguém é dono deste dinamismo e que, em vez de criticá-lo e mortificá-lo, é necessário acompanhá-lo e canalizá-lo.

4. Preferência sincera pelos pobres. A sua preferência pelos pobres marca toda a sua vida. Quando arcebispo a promoveu-a, dando apoio privilegiado aos padres que vivem nos aglomerados e nos quarteirões pobres. É, porém, uma opção que deve ser entendida no contexto de tudo que foi dito até aqui. O pobre não é somente o objeto de um discurso, nem o destinatário de mera assistência, muito menos de "promoção" que pretende somente libertá-lo de seus males. A escolha pelos pobres é tudo isso, mas mais do que isso. Porque significa prestar atenção neles, tratá-los como pessoas que pensam, que têm seus projetos, incluído o direito de exprimir a própria fé a seu modo. São sujeitos ativos e criativos a partir de sua cultura; não só objetos de discussão, de reflexão ou de programas pastorais. De qualquer maneira, ninguém pode dizer que, quando arcebispo, ele não tenha argumentado uma crítica às causas estruturais da pobreza. Ele o fez pontualmente e em muitas ocasiões.

5. Proximidade à classe média e aos ambientes profissionais. Seria errado interpretar a sua opção preferencial pelos pobres em termos exclusivos ou conflituais. É totalmente descabida qualquer intenção polarizante ou de frente política. Por isso buscava, ao mesmo tempo, satisfazer às inquietações das pessoas mais aculturadas ou ocupantes de cargos importantes na sociedade: pessoas cultas do mundo das artes, formadores de opinião, sindicalistas, profissionais. Concedia audiência a muitos que iam consultá-lo ou pedir a sua opinião sobre a sociedade; e ele conversava com prazer. Muitas pessoas importantes estão acostumadas a valorizar os conselhos práticos e sábios que ele sabe dar como bom jesuíta, mestre de discernimento. Participava também com frequência de conferências, mesas-redondas, debates. Concordava com os "cultos" sobre a necessidade de apostar na educação como caminho de desenvolvimento nacional e sobre a importância de proteger as instituições republicanas e as formas participativas da democracia.

6. Pobreza e austeridade pessoal. A sua pobreza pessoal não é oportunista nem midiática. Todos sabem que sempre foi assim. Austero até o sacrifício. Sabe-se que, quando alguém possui responsabilidades importantes, busca utilizar os meios que lhe permitam otimizar o tempo empregado. Todavia, Bergoglio permanece coerente com a sua escolha sincera de uma vida pobre. Nunca se sentiu digno de ser servido e são conhecidos os seus gestos de serviço humilde, evitando demonstrar superioridade. A sua escolha de uma simplicidade austera não corresponde a um ideal estoico, nem a simples amor pela pobreza, mas a um seu desejo de se tornar acessível, de forma que os pobres possam estar com prazer junto de seus pastores e sentirem-se em casa na Igreja.

7. Simplicidade evangélica. O gosto pela simplicidade é outro aspecto que pode levar a rever as práticas e costumes do Vaticano. Simples não só no vestuário e na linguagem (longe de discursos abstratos), mas também nos hábitos, pelos quais parece difícil que possa suportar por muito tempo as intrigas palacianas, alguns rituais e formalidades que detesta, ainda mais porque não refletem a simplicidade do Evangelho de Jesus.

8. Hierarquia da verdade e da virtude. Embora Bergoglio não seja propriamente um progressista, e nutra profundo respeito pelos ensinamentos tradicionais da Igreja e dos pontífices que o precederam, tem bem claro que existem coisas fundamentais e decisivas (o amor, a justiça, a fraternidade...) e outras que são secundárias. Sem tirar a importância de nada, considera que nas pregações se deva manter uma proporção saudável pela qual a insistência sobre coisas importantes não deveria ofuscar a luminosidade daquelas mais centrais, daquelas que mais diretamente refletem Jesus e têm "o aroma do Evangelho".

9. Esforço ecumênico e pró-hebraico. Como arcebispo de Buenos Aires dedicou muito, muitíssimo tempo, a dialogar com os não católicos. Mais uma vez desejo enfatizar que não se trata de tática diplomática. É raro que alguém com tantas responsabilidades dedique aos "diferentes" tanto tempo precioso em encontros tão gratuitos. No ano passado passou diversos dias fechado com um grupo de pastores, compartilhando um retiro com eles. Ao mesmo tempo, misturou-se às pessoas no encontro com os grupos pentecostais (Creces) de Luna Park. Além disso, me lembro – para mostrar como o conheço bem – de suas longas conversas com o rabino Skorka e o prazer com que lhe conferiu o doutorado *honoris causa* na UCA (Universidade Católica Argentina), deixando de lado as críticas que isso poderia envolver. Se esta não é uma figura aberta e dialogante da Igreja...

PARA CONHECER O PAPA FRANCISCO

Expressões típicas de Bergoglio

Para concluir, gostaria de compartilhar uma breve análise das expressões usadas frequentemente por Bergoglio.

– *Autorreferencial.* Indica uma Igreja que olha para o próprio umbigo, enredada em intrigas internas ou necessidades mundanas, em vez de se abrir, esbanjando alegria e servindo com humildade. Sempre apoiou uma Igreja missionária e serva, não voltada para si mesma, mas a serviço das pessoas. Bergoglio abraça os idosos, beija os pobres, vai se encontrar com qualquer um, interessa-se ou chama as pessoas mais simples, perde tempo com gente sem nenhum poder, mostra uma Igreja despojada e extrovertida. Nunca se cansava de pedir que os padres ficassem à disposição do povo, se mantivessem abertos à pesquisa e ao diálogo, não fossem juízes implacáveis, conservassem o "aroma de ovelhas".

– *Rezem por mim.* Sempre diz isso. Mostra conhecimento de seus limites, por isso precisa da ajuda constante de Deus e da prece dos outros. Por isso, logo que eleito, saudou o povo pedindo-lhe que rezasse.

– *Refugo.* Exprime brutalmente como a sociedade joga fora os "restos" que não encontram lugar na lógica da produtividade e do consumo. Quem não tem beleza, dinheiro, poder ou juventude é jogado fora como lixo no cesto do olvido.

– *Humildade.* É o que prescreve a aqueles que estão fazendo muito bem. Devido a sua formação jesuítica, está convencido de que a humildade é indispensável para não estragar as obras melhores: "Humildade para que o Senhor possa continuar a fazer grandes coisas". Quando lhe ofereceram o pontificado, respondeu: "Sou um pecador, mas aceito".

– *Audácia.* Ele a evoca para dar coragem àqueles que se subestimam ou se deixam vencer pelo medo. Segundo ele, nada está totalmente perdido. Não se retrai jamais, por mais que tentem destruí-lo com calúnias e ataques pessoais. Ele está seguro de que no fim o bem e a verdade sempre triunfarão. Eu mesmo passei por momentos em que teria preferido desaparecer, e ele me ergueu com firmeza, dizendo: "Coragem. Levante a cabeça e não deixe que roubem a sua dignidade".

— *Periferias existenciais.* Convidou os agentes pastorais a não se fecharem em si mesmos e irem para as periferias, ali onde ninguém vai: "Saiam das catacumbas, saiam das sacristias... Melhor correr o risco de ser atropelado por um carro do que estar fechado num lugar". Ele estimula a deixar a comodidade pessoal ou os círculos de pessoas de bem, para ficar próximo de todos. Jesus agia assim, dedicava o seu tempo ao cego na rua, ao leproso, à pecadora.

— *Paixão apostólica.* Ele a menciona para motivar um esforço generoso e do fundo do coração. Para que se entenda que ninguém muda o mundo à força. Quem deixou marcas neste mundo estava movido pelo fogo interior da paixão. Por isso, critica a "frivolidade espiritual" de quem se agarra a práticas exteriores ou à aparência religiosa, mas internamente está desprovido da força do Espírito.

— *Cultura do encontro.* Procura encorajar tudo que aproxima, une, ladeia, cria contatos entre as pessoas e os grupos. É apaixonado pelo bem comum e pela amizade social.

— *Cuidar da fragilidade do povo.* Ele pede isso a quem investe com autoridade. Ninguém recebe poder ou força para obter benefícios ou glórias mundanas, mas para que cuide das pessoas, para sustentar e promover os mais fracos. "Cuidar" é, em geral, uma palavra que o define e que se encontra encarnada na figura de São José.

— *Permitam-se ser misericordiosos.* É um de seus felizes neologismos. Estimula as pessoas que se enchem de escrúpulos e sentimentos de culpa a deixarem-se perdoar e abraçarem a ternura do Deus Pai. Como diz o jesuíta Angelo Rossi: "Os mais frágeis sempre encontraram nele um pai, diria quase além do possível, com uma magnanimidade com respeito à fragilidade humana que certamente marcará o pontificado".

Não percamos tempo

Quem deseja estar com as pessoas não deixe de reconhecer os valores encarnados neste Papa Francisco. São hoje valores não muito frequentes. Podemos nos dedicar a procurar uma agulha no palheiro e acabar achando. Mas a pureza absoluta não é deste mundo, e creio que nos tenha sido dada uma imensa oportunidade para repor no centro Jesus Cristo e o povo que Deus ama.

Alguns se perguntam se Bergoglio fez o suficiente durante a última ditadura que oprimiu a Argentina, quando ele era provincial dos jesuítas. As últimas declarações de Padre Jalics (o jesuíta torturado que inocentou Bergoglio; ver *Settimana 15* [2013], pp. 8-9), juntamente com as opiniões de pessoas de esquerda bem informadas, como Pérez Esquivel, Oliveira, Fernández Meijide, Navarro e outros, mostram que Bergoglio não fez mal a ninguém, não foi cúmplice da ditadura, não deixou de ajudar aqueles que lhe pediam para se esconder ou fugir, e intercedeu por alguns com os meios que possuía à disposição, embora ainda não fosse bispo. Há trinta anos Pablo Tissera, um jesuíta progressista, me dizia que durante a ditadura Bergoglio seguiu uma sua convicção de sempre: "Nós, padres, devemos nos manter longe de quem tem poder no país para não nos vermos implicados".

Outro jesuíta me dizia: "Os pobres são os que entenderão melhor a eleição de Francisco". Quanta gente simples se vê pela rua contente com isso! Quando foi transmitida a liturgia do início do pontificado diante da catedral, a Praça de Maio transbordava de cristianismo popular. Ali se encontrava festejando inteiros vilarejos com suas bandeiras, grupos de guerrilheiros, as danças, as imagens da Virgem de Luján nos ombros... Misturemo-nos no coração do povo com confiança no Espírito e compartilhemos dessa alegria.

Impresso na gráfica da
Pia Sociedade Filhas de São Paulo
Via Raposo Tavares, km 19,145
05577-300 - São Paulo, SP - Brasil - 2018